Runas para Iniciantes

Adivinhação Simples e Interpretação

Alexandra Chauran

Runas para Iniciantes

Adivinhação Simples e Interpretação

Tradução:
Soraya Borges de Freitas

MADRAS®

Publicado originalmente em inglês sob o título *Runes for Beginners: Simple Divination and Interpretation*, por Llewellyn Woodbury, MN 55125 USA, www.llewellyn.com.

Editor:
Wagner Veneziani Costa (*in memoriam*)

Produção e Capa:
Equipe Técnica Madras

Tradução:
Soraya Borges de Freitas

Revisão da Tradução:
Jefferson Rosado

Revisão:
Ana Paula Luccisano
Arlete Genari

Dados Internacionais de Catalogação na Publicação (CIP)
(Câmara Brasileira do Livro, SP, Brasil)

Chauran, Alexandra Runas para iniciantes : adivinhação simples e interpretação / Alexandra Chauran ; tradução Soraya Borges de Freitas. -- São Paulo : Madras Editora, 2024.
Título original: Runes for beginners

ISBN 978-65-5620-085-9

1. Adivinhação 2. Esoterismo 3. Espiritualidade
4. Ocultismo 5. Runas I. Título.
24-211930 CDD-133.33

Índices para catálogo sistemático:
1. Runas : Oráculos : Artes divinatórias 133.33
Eliane de Freitas Leite - Bibliotecária - CRB 8/8415

MADRAS EDITORA LTDA.
Rua Paulo Gonçalves, 88 — Santana
CEP: 02403-020 — São Paulo/SP
Tel.: (11) 2281-5555 – (11) 98128-7754
www.madras.com.br

Índice

Gostaria de dedicar este livro aos meus deuses, à Dama da Lua e ao Senhor da Morte e da Ressurreição; àqueles que me treinaram bem na tradição Kingstone da Wicca; e aos membros do Coven Lyra Star, que ficam sempre encantados pelas runas.

Agradecimentos

Sou grata pelo trabalho árduo feito neste livro pelos editores, incluindo Amy Glaser e Lauryn Heineman. Sem as mentes brilhantes nos departamentos editorial, de marketing, de publicidade e de arte da Llewellyn, este livro não poderia ser apropriadamente incluído no corpo do folclore em torno das runas.

Introdução

A vida é repleta de decisões desconcertantes que podem criar grandes mudanças no caminho da existência de alguém por meses ou anos. Às vezes, pode parecer que há 50% de chance de sua escolha ser a certa para você. Talvez você esteja questionando se deve ou não ficar com um(a) parceiro(a), perguntando-se se esta é a pessoa certa. Pode ser que esteja escolhendo entre dois cursos universitários, um tão instigante quanto o outro e com o mesmo potencial para o mercado profissional. Essas são decisões imensas, e tirar a sorte na moeda não parece dar a essas escolhas o respeito que elas merecem. E se eu lhe dissesse que há uma forma pela qual você pode se conectar ao divino e com seu destino que parece tangível? Você pode ter nas suas mãos a chave para seu passado, presente e futuro. As runas são objetos sagrados que você pode tocar e sentir que lhe possibilitam um senso de controle sobre os mistérios da vida. As runas também são conceitos. Assim como a palavra "amor" escrita em um papel pela pessoa amada pode fazer seu coração vibrar, as runas foram criadas há muito tempo para evocar sentimentos e uma sensação de encantamento.

O que São as Runas?

Costuma-se chamar de runas uma coleção de pedras, pedaços de madeira ou outros materiais com símbolos sagrados escritos nelas. Cada runa conta uma história. Quando são espalhadas em uma superfície, tiradas de um saco, ou cuidadosamente dispostas em padrões, podem contar a história da sua vida.

A palavra "runa" pode vir da antiquíssima raiz protogermânica *run-,* que significa "segredo", "sussurro" ou "mistério". As runas são forças da natureza – mistérios, no sentido religioso, de verdades espirituais, em vez de um mero quebra-cabeças a ser resolvido. Essencialmente, as runas são ideias expressas em símbolos que compõem escritas que precedem o nosso alfabeto latino em centenas de anos. Os glifos, símbolos escritos nas runas, são chamados em inglês de "staves". As runas também são chamadas de "futhark" (e depois, devido a mudanças linguísticas, de "futhork"), que é a combinação das primeiras seis letras.

Há várias origens propostas para as runas, porque a evidência antiga as mostra se espalhando por uma vasta área geográfica. Segundo uma lenda nórdica, o próprio deus Odin descobriu as runas, mas especialistas modernos acreditam que elas derivaram de um manuscrito ainda mais antigo, talvez de origem etrusca, e misturado com os símbolos ritualísticos dos xamãs teutônicos. Elas foram usadas nos séculos I ou II da Era Comum pelos povos germânicos, também conhecidos como povos godos, suevos ou teutônicos. O uso das runas na era moderna não está limitado por etnia ou nacionalidade, e entre as línguas germânicas modernas incluem-se o africâner, o flamengo, o frísio, o inglês, o gaélico, o alemão, o islandês, o norueguês, o sueco, entre outras. As alegações de descoberta de runas antigas na América do Norte foram recebidas com choque e repúdio por especialistas. Sistemas rúnicos da era moderna, tais como as runas dalecarlianas, as runas de Honorius e as runas das Bruxas, também se desenvolveram.

O pouco de ancestralidade escandinava que eu tenho pode não me oferecer uma linha direta com os antigos que utilizaram as primeiras runas; entretanto, encontro usos práticos para esses manuscritos mágicos. Na verdade, as runas foram minhas primeiras ferramentas de adivinhação "oficiais" na minha infância, provavelmente porque pedras e canetas hidrográficas, com as quais dá para fazer pedras de runas baratas e temporárias, sejam fáceis de encontrar. A adivinhação é a arte de ler a sorte com ferramentas especializadas, e inclui descobrir o passado, o presente e o futuro. As runas são impressas, pintadas, escritas, gravadas ou entalhadas individualmente nos objetos.

Uma coleção desses objetos que representam todo um alfabeto rúnico, cada uma com sua própria runa individual escrita, às vezes recebe o nome de "runas dos trolls" (porque os trolls eram associados com profecia e magia), um jogo de runas, ou simplesmente runas. Os povos antigos podem tê-las usado para adivinhação e magia. "Magia", para o mundo antigo e alguns praticantes modernos, significa criar mudança no mundo de uma pessoa usando sua mente e seu espírito. As runas podem servir como uma ferramenta para magia e adivinhação, e possibilitam que nossas mentes foquem os objetivos e os prováveis resultados. Por serem consideradas tão sagradas e não terem sido utilizadas de modo secular, especialmente após seu declínio no uso como uma forma de escrita, seu uso atual, apenas em um contexto sagrado, ganha força com o tempo. Acredita-se que os símbolos mágicos, utilizados repetidas vezes, podem assumir seu próprio poder no subconsciente coletivo humano, assim como uma roda de carroça que forma um rastro em uma estrada pode tornar o caminho mais evidente e atravessado com mais facilidade por essa carroça ao longo do tempo.

Como as Runas Podem Ser Usadas?

Um jogo de runas é de fato algo muito útil para ter. Essa ferramenta de adivinhação pode ser usada para descobrir o potencial da sua futura carreira, da sua vida amorosa, entre outras coisas.

Pode ajudar a confirmar seus traços de personalidade e revelar quais virtudes você ainda precisa desenvolver. As runas podem capacitá-lo com o conselho delas a respeito de relacionamentos, finanças, conflitos, além de uma variedade infinita de tópicos. Elas podem fazer previsões e destruir ilusões. Um jogo de runas também pode ser usado como um portal poderoso para a meditação, permitindo-lhe aceitar as bênçãos e banir a negatividade. A meditação é a prática de aquietar a mente ou deixá-la focada, e é maravilhosa para aliviar o estresse.

É importante notar que os símbolos de caracteres rúnicos também podem ser utilizados sozinhos, sem um jogo de runas. Sei que estou apresentando muitos termos novos aqui, mas as distinções são relevantes. O abuso da palavra "runas" me confundiu quando comecei. Eu poderia até mesmo escrever a declaração verdadeira de que "você pode pintar runas nas suas runas para sentir o poder das runas". Tento usar uma diferenciação esclarecedora neste livro para converter frases como essas em algo como: "Você pode pintar os glifos nas suas pedras para sentir o poder das runas". Darei alguns exemplos concretos para ajudá-lo a entender.

Os glifos podem ser feitos em qualquer coisa ou pessoa, até de forma invisível, e imbuídos com os desejos para inspirar e criar mudança. Eles também podem ser usados como uma forma de escrita secreta para proteger a informação. Podem ser cuidadosamente combinados ou até alterados ou inventados para produzir resultados espirituais. Assim como nós combinamos as letras para formar palavras, as runas podem ser combinadas para intensificar seus significados, colocando-as às vezes em camadas. Tome cuidado com as runas. Uma vez vi um homem com uma tatuagem no braço do que ele achava ser um *futhark* completo, do início ao fim, só porque parecia legal. Fiquei preocupada com ele. Isso não é uma sopa de letrinhas inofensiva!

Assim como o alfabeto hebraico, os glifos têm associações sagradas independentes, bem como a habilidade de formar palavras.

E, como cada letra rúnica não tem apenas um sentido fonético, mas também um espiritual, não é aconselhável imbuir combinações aleatórias de runas com poder espiritual por meio de exercícios ritualísticos como uma tatuagem. Pode haver sabedoria antiga contida na ordem das runas em um alfabeto rúnico. Este livro dará instruções detalhadas sobre como é simples usar as runas adequadamente na adivinhação e para a espiritualidade.

Por que Usar as Runas?

A adivinhação é uma arte muito útil. A vidência é meu trabalho regular, cinco dias por semana. As pessoas me procuram para fazer perguntas a respeito da escolha da carreira certa, se uma velha chama será ou não reanimada e sobre os infinitos caminhos potenciais na vida. Eu também uso a adivinhação na minha vida pessoal, muitas vezes para me ajudar a refinar e a desenvolver traços de personalidade, que podem ser tanto bênçãos como maldições. As runas são tão simples de fazer e usar, que isso faz delas uma excelente ferramenta de adivinhação. Algumas das habilidades desenvolvidas na utilização das runas podem ser transferidas com facilidade ao uso de outras ferramentas divinatórias, como o tarô ou a cartomancia. Se você aprender a adivinhar com runas, sabe que não importa qual possa ser sua situação de vida, sempre terá os meios para se capacitar com um conselho sensato.

Ter o conhecimento das runas como um roteiro sagrado também é um saber precioso. Você terá instantaneamente o poder de direcionar um foco meditativo sobre qualquer objeto. Pode levar a energia do sucesso para seu local de trabalho, e o poder de proteção e da paz para seu lar. Você terá um roteiro secreto só seu, que sua família e seus colegas não conseguirão ler, mesmo se ele enfeitar seu calendário na parede. Itens com runas desenhadas até são maravilhosos presentes para os outros. E, quando você estiver familiarizado com um alfabeto rúnico inteiro, pode começar a notar runas que os outros esconderam à vista de todos. Ora, *isso* é um superpoder.

Como Usar Este Livro

Embora este livro seja escrito para iniciantes, esforcei-me para fazer dele uma obra de referência criteriosa para a estante de todos. O verdadeiro aprendiz deve percorrer o livro do início ao fim, visto que desenvolvo uma habilidade após a outra. Partindo da memorização por repetição dos significados, você passará a uma interpretação simples e à vasta gama de aplicações para as runas, além de aprender técnicas avançadas que o ajudarão a elaborar suas próprias runas.

Embora eu tente usar palavras comuns do idioma para técnicas e conceitos que abrangem muitas culturas, sempre que for possível, você encontrará um glossário no final deste livro para auxiliá-lo a aprender um pouco do jargão. Você também encontrará, para sua referência, separações úteis dos fonemas e dos sentidos do alfabeto rúnico mais usado (o Futhark Antigo) no primeiro capítulo. O terceiro capítulo é dedicado a úteis diagramas e mapas, os quais permitem que você use e interprete um jogo de runas para reunir um conhecimento mais preciso sobre os tópicos na sua vida que importem para você.

Enquanto lê este livro, é fundamental que você mantenha um pedaço de papel à mão para praticar a escrita das runas. Aprendo mais com o tato do que com o visual, o que significa que tenho de anotar os alfabetos rúnicos muitas vezes antes de eles entrarem na memória. Ainda necessito praticar a escrita obscura para mantê-la fresca e precisa na minha mente. É mais seguro anotar as runas a lápis, em um rascunho, em quaisquer combinações, como aprendizado. Apenas se lembre de tratar as runas com respeito. Não amasse o papel nem abandone as runas escritas em qualquer lugar.

Embora eu escolha queimar meu rascunho com as runas escritas, é seguro reciclar ou usar esse papel para compostagem. Sugiro que você visualize seu poder derreter de forma inofensiva de volta a terra enquanto adiciona pedaços de papel com glifos escritos neles à pilha de compostagem.

Prepare-se para as disciplinas espirituais da prática de estudo e para muita memorização por repetição. O livro que segura em suas mãos contém runas de poder que logo serão suas para você usar. De A a Z, o alfabeto tem o meio para criar todos os sons em um idioma. Sons e palavras levam à manifestação real das ideias humanas e, portanto, são realmente divinas. A fala é o sopro da vida que traz sentido à conexão entre os povos ao longo do tempo e do espaço. Trate com carinho as runas abençoadas, bem como todas as suas palavras.

Capítulo 1

Guia Introdutório às Runas

Ao fim deste capítulo, você deverá ser capaz de dar início a uma leitura de runas simples. Uma "leitura de runa" é uma sessão de adivinhação na qual você faz uma pergunta às runas a respeito do seu passado, presente ou futuro, e recebe uma resposta que pode interpretar usando os guias deste livro. Aprender por meio da adivinhação diária com runas é uma forma eficaz de memorizar qualquer alfabeto rúnico. É também uma ótima maneira de descobrir informações sobre sua vida, confirmar o que já sabe e se capacitar com um conselho sobre qualquer tópico sob o sol.

Tipos de Runas

Aqui está uma visão geral dos alfabetos rúnicos para ajudá-lo a entender como os significados das runas mudam com o tempo. Essa informação factual é importante porque, caso contrário, seria confuso ver uma runa com dois significados completamente diferentes, quando estes se desenvolveram, na verdade, ao longo de um grande intervalo de tempo e espaço geográfico.

Sugiro que você aprenda apenas um alfabeto rúnico por vez, senão será bem fácil de misturá-los. Está fora da alçada deste livro ensinar interpretações de todos os distintos alfabetos rúnicos. Os tipos diferentes de runas a seguir estão listados em ordem alfabética. Neste livro, ensinarei completamente a utilização apenas do primeiro e mais velho jogo de runas, o Futhark Antigo. Escolhi esse sistema como o melhor para iniciantes, porque ainda é o mais popular em uso e pode ser estudado com facilidade exclusivamente por toda a vida. O sistema do Futhark Antigo foi um dos primeiros que aprendi quando comecei, e ele ainda me serve bem até hoje.

- *Runas anglo-saxônicas*: essas runas são uma extensão da série original do Futhark Antigo. Foram feitas provavelmente para a escrita, não para a adivinhação, a fim de incluir mais sons fonéticos, à medida que outras pessoas adotavam as runas como um meio de escrita. As runas anglo-saxônicas podem incluir até 33 caracteres. Embora seja mais difícil de memorizá-las, por causa de seu número, elas podem acrescentar significados ao seu léxico. Seria melhor aprendê-las depois de aprender o Futhark Antigo.
- *Runas Armanen*: embora tenham uma origem moderna, eram consideradas as runas mais antigas na Alemanha nazista, onde o uso da magia rúnica foi pervertido para fins malignos. As runas são uma ferramenta mágica, e pode-se abusar delas. Esse momento nefasto na história não quer dizer que os alfabetos rúnicos, até mesmo o Armanen, sejam maléficos.
- *Runas Dalecarlianas*: quando surgiram as letras latinas, este sistema rúnico foi uma evolução do Futhark Antigo, do Futhark Recente e das Runas Medievais, que mudaram muito quando foram misturadas com vários outros alfabetos. Igualmente, este sistema não é usado para adivinhação.
- *Runas Pontilhadas:* as runas pontilhadas da Era Viking expandiram o Futhark Recente, acrescentando caracteres

pontilhados. Este sistema era usado como um manuscrito, não para adivinhação.

- *Runas do Futhark Antigo:* essas são as runas mais antigas e, potencialmente, as melhores para começar como iniciante. Não são apenas as runas mais comuns usadas para adivinhação, como também o ajudarão a aprender outras formas de runas, inclusive os caracteres do Futhark Antigo. Este alfabeto é formado por 24 runas. Muito do que é escrito neste livro presumirá que você está usando as runas do Futhark Antigo, embora possa substituir por outras runas, se quiser.
- *Runas Frísias*: foram uma expansão do Futhark Antigo, que incluía 28 runas. Também marcaram a mudança da palavra "futhark" para "futhork", por causa da introdução de uma nova quarta runa que alterou o som.
- *Runas Góticas*: os godos, povos norte-europeus, adotaram o uso da escrita rúnica de 25 caracteres. As runas góticas podem ser usadas para adivinhação. Elas trouxeram influências das divindades gregas.
- *Runas Marcomanas*: essas runas são uma mistura das runas do Futhark Antigo e Anglo-saxônicas. Embora sejam historicamente interessantes, não existe um motivo específico para aprender as runas marcomanas para adivinhação, a menos que você realmente goste dos significados das runas que são incluídas. Compostas de 29 runas.
- *Runas Medievais*: essas runas são uma versão do Futhark Recente que foram reexpandidas para incluir mais sons. Embora sejam de interesse histórico e mágico, não costumam ser usadas para adivinhação.
- *Runas de Honório*: também chamadas de tebanas, essa escrita não é tecnicamente rúnica, nem costuma ser usada

para adivinhação. Entretanto, é utilizada como uma escrita sagrada. Palavras escritas podem ser carregadas com energia em um método semelhante às runas, que é explicado no quarto capítulo deste livro.

- *Runas das Bruxas*: uma invenção moderna, as Runas das Bruxas são puramente adivinhatórias e não uma escrita. Embora haja diversas variações, elas consistem tipicamente em 13 pictogramas. Como os pictogramas são mais significativos do que as linhas simples dos antigos alfabetos rúnicos, eu as achei muito mais fáceis de memorizar e uma boa opção para iniciantes ou crianças que tenham dificuldades de aprender. Apesar disso, elas são bem úteis para praticantes avançados. A versão que uso está detalhada em *A Witch's Runes: How to Make and Use Your Own Magick Stones*, de Susan Sheppard.
- *Runas do Futhark Recente*: essas runas escandinavas evoluíram em razão das mudanças históricas no uso da linguagem e, na verdade, têm menos caracteres. Algumas das runas assumiram sons adicionais e eliminaram a necessidade para um conjunto completo de caracteres. Como há apenas 16 deles, as runas Futhark Recentes são uma boa opção para aqueles que estejam com dificuldade de aprender as runas em Futhark Antigo. Recue e apenas aprenda, a princípio, as runas em Futhark Recente, se esse for o caso, depois expanda seu conhecimento para o Futhark Antigo. Há variações com ramo longo, ramo curto e sem glifos (ou seja, elas não têm certas linhas), além de variações estilísticas dessas runas. Use o ramo longo. O ramo curto e aquele sem glifos não servem para adivinhação, em virtude da impossibilidade de diferenciar se você estiver lendo alguns caracteres com o lado virado para cima ou de ponta-cabeça.

Aprendendo o que Elas Significam

Aprender o que as runas significam começa como uma prática de memorização por repetição, porque as runas não dão muitas pistas por meio do seu formato. Originalmente, elas foram desenvolvidas para lembrar certas coisas, como os chifres de espécies de bois, agora extintos, e outros objetos que não vemos mais no nosso cotidiano. Uma runa costuma ser semelhante à outra, tendo um formato de linhas retas ou em zigue-zague. Então, você terá de ser gentil consigo mesmo e se dar tempo para aprender. Quando você era criança, pode ter demorado anos para dominar o alfabeto do seu próprio idioma. Tenha paciência. Talvez o tipo mais fácil de runas para memorizar seja as Runas da Bruxa, porque são pictogramas que representam seus significados e têm um número pequeno deles. Para mim, a escrita de adivinhação mais difícil para memorizar foi a ogham, que será explicada no capítulo 2, porque as letras parecem todas bem iguais. De novo, sugiro que comece com o Futhark Antigo. Você pode fazer algumas fichas com cartões de 7 x 12 centímetros. Acho muito mais fácil associar primeiro cada letra rúnica com seu significado de adivinhação do que tentar memorizar pronúncia, nome e significado simbólico de uma vez só.

Compreendendo o Futhark Antigo

O Futhark Antigo é organizado em grupos, cada qual chamado de "família" (*aett*), em uma ordem de oito. O Futhark Antigo, as runas mais usadas, está dividido em três *aetts* de oito. O primeiro, que começa com *fehu* e termina em *wunjo*, é regido pelos deuses da fertilidade, e é chamado de "Oito de Freya". O segundo, chamado de "Oito de Hagall", começa com *hagalaz* e termina com *sowilo*, e é regido pelas divindades da proteção. O terceiro, chamado "Oito de Tyr", começa com *tiwaz* e termina com *dagaz*, e é regido pelas divindades da justiça divina e da ordem.

Uma runa branca chamada *"wyrd"* ou "Odin" não se encaixa em nenhuma das *aettir*. A runa branca é um acréscimo moderno e totalmente opcional, aliás. Eu mesma não uso. Escrever as runas em Futhark Antigo em três agrupamentos de oito pode ajudá-lo a organizar significados semelhantes em grupos na sua mente. Os grupos de oito também são úteis para esconder as runas em código, o que será explicado na seção acerca de runas ocultas no capítulo 6.

Faço questão de ajudar o iniciante a memorizar essas runas, por isso mantive minhas explicações a respeito delas concentradas nesse objetivo. Para cada uma das runas em Futhark Antigo, darei informações sobre nome, número, pronúncia do nome, guia fonético, imaginário e interpretação.

- *Nome da runa*: como as runas variaram com o tempo e entre regiões, algumas delas têm nomes diversos. Eu selecionei um nome com um guia de pronúncia para que o iniciante possa ter um sistema consistente e completo, mas saiba que pode haver muitas outras denominações por aí para investigar. Veja o guia de leitura recomendado no fim deste livro.
- *Número da runa*: a ordem do futhark é vital. A ordem das runas pode ajudá-lo a memorizá-las, da mesma forma com a qual você aprendeu o alfabeto com uma musiquinha. O número também pode ser usado para numerologia ou em leituras rúnicas, quando você estiver tentando obter um número na forma de uma data no calendário, idade ou quantia.
- *Sugestão de pronúncia*: cantar os nomes das runas enquanto as corta, medita ou lança feitiços pode ter sido uma prática antiga. Por isso, incluirei uma pronúncia sugerida para cada nome de runa. Pode haver várias formas de pronunciar cada runa. Escolhi as mais simples para um iniciante e, sempre

que possível, posso ajudá-lo a se lembrar do significado e do som de uma runa.

- *Som parecido com*: o conhecimento da fonética é vital, se você vai usar ou interpretar os glifos como uma escrita. Cantar ou entoar as runas pode ter sido feito utilizando também apenas seus sons fonéticos, acrescentando outro uso para o conhecimento fonético. Com o aprendizado do som, você pode discernir nomes de pessoas nas runas durante uma leitura.
- *Visualização*: quando se é iniciante, todos os glifos se parecem! Eu apresentarei algumas imagens mentais para atribuir a cada runa. Como elas estão relacionadas aos significados tradicionais e modernos, além de algumas das minhas próprias imagens pessoais, escolha qualquer imagem que funcionar para ajudá-lo a relacionar o traço rúnico com seu significado. Visualize essa imagem mental sobreposta no traço para dar sentido às suas runas.
- *Lembrete*: esta será uma lista de interpretações para a runa. Sempre que possível, tentei juntar com palavras que combinem com o som da runa. Esse é um recurso mnemônico para auxiliá-lo a memorizar as interpretações e os sons, porque, em princípio, a leitura das runas envolverá uma memorização por repetição para o iniciante. Você acrescentará algumas palavras e compreensões a mais na sua mente ao longo do caminho, e isso é ótimo, mesmo se elas não se encaixarem no meu padrão de aliteração.

As Runas do Futhark Antigo

Fehu

ᚠ

Número da runa: 1.
Sugestão de pronúncia: FAY-hoo.
O som se parece com: F, como em "feio".

Visualização: os povos antigos imaginavam *fehu* como uma representação do gado, a fonte da maior parte de seu alimento e roupas. Visualize esse traço como uma única vaca que ainda tem seus chifres curtos projetando-se, enquanto ela olha para a direita, na direção do futuro. É claro que o caractere também se parece um pouco com a letra F, o que pode ajudar a lembrar seu som.

Como essa é a primeira runa no futhark, costuma significar inícios.

Lembrete: fortuna, feio, feudo, feudal, Freyr, fogo, fertilidade, feitio.

Uruz

ᚢ

Número da runa: 2.
Sugestão de pronúncia: oo-ROOZ.
O som se parece com: U, como em "ukulele".

Visualização: *uruz* referia-se a um auroque, um boi selvagem com chifres, atualmente extinto. Seus chifres ficavam baixos em sua cabeça e curvados para a frente, quase sempre para baixo, em vez de para cima. Visualize o traço do *uruz* como um boi forte com a cabeça baixa, pronto para empurrar para longe quaisquer dificuldades. Depois, a runa *uruz* foi associada a uma tempestade. Agora visualize essa runa como uma nuvem com uma forte descarga de chuva caindo sobre a terra. Tente relacionar uma dessas visualizações com a interpretação da runa, ou invente uma representação com imagens que funcione para você.

Lembrete: upa, utilidade, utensílio, uso.

Thurisaz

ᚦ

Número da runa: 3.
Sugestão de pronúncia: THOOR-ee-sahz.
O som se parece com: o *th* da língua inglesa.

Visualização: no início, a runa *thurisaz* era considerada um gigante. Imagine o glifo como um temível machado carregado por um monstro gigantesco. Depois, as pessoas imaginavam essa runa como um espinho. Agora, visualize-a como um espinho, projetando-se da lateral do talo de uma planta. Use qualquer visualização que o ajudar a se lembrar dos significados a seguir, ou crie uma.
Lembrete: espinho (*thorn*), martelo de Thor, cardo (*thistle*).

Ansuz

ᚨ

Número da runa: 4.
Sugestão de pronúncia: AHN-sooz.
O som se parece com: ah.

Visualização: imagine o glifo *ansuz* como um cetro mágico do deus Odin, com a luz das bênçãos irradiando dele para as pessoas aqui embaixo.

Lembrete: autoridade, antepassados, aconselhamento, árvore, ar, ativo, autoconfiança.

Raido

ᚱ

Número da runa: 5.
Sugestão de pronúncia: RYE-thoh.
O som se parece com: R fraco.

Visualização: *raido* representa a carruagem com a qual o deus Thor atravessa o céu para fazer os sons do trovão. Visualize esse glifo como uma carruagem. Se eu usar minha imaginação, consigo vê-lo como uma carruagem solta apontando para a direita. É claro que ele também se parece muito mais com a letra R, o que pode ajudá-lo a se lembrar de algumas dessas interpretações aliterativas.

Lembrete: cavalgar, ritmo, ritual, rolar, rua, realização, resultado, repensar, direita, pe*r*turbação.

Ken

ᚲ

Número da runa: 6.
Sugestão de pronúncia: KEHN.
O som se parece com: K.

Visualização: a princípio, *ken* representava uma tocha. Visualize o glifo como uma tocha saindo da parede de um castelo, com a chama ardendo para cima na direção da parede, para pensar nas capacidades iluminadoras de *ken*. Depois, a runa assumiu um novo sentido: úlcera. Pode ser nojento imaginar o recorte do glifo como um ferimento, mas essa é uma opção para se lembrar das propriedades curativas da runa.

Lembrete: sina, cura controlada, compreensão, comando, capacidade, compaixão, conclusão.

Gebo

X

Número da runa: 7.
Sugestão de pronúncia: GIFF-oo.
O som se parece com: G, como em "gostosura".

Visualização: gosto de imaginar *gebo* como a visão de um presente embrulhado em um laço e colocado aos meus pés. Por também representar uma parceria, você pode visualizar um cumprimento ou pensar nele como o símbolo de beijos que poderia deixar no fim de uma carta.

Lembrete: gostosura, garantia, gratidão, barganha, gordura, garota.

Wunjo

ᚹ

Número da runa: 8.
Sugestão de pronúncia: WOON-yoh.
O som se parece com: W.

Visualização: imagine escalar até o cume de uma montanha e fincar sua bandeira em formato de *wunjo.* Essa runa é a alegria extasiante do sucesso.

Lembrete: *wonderful* (maravilhoso), *winning* (vitória).

Hagalaz

ᚺ

Número da runa: 9.
Sugestão de pronúncia: HAH-gah-lahz.
O som se parece com: H pronunciado do inglês e o R forte do português.

Visualização: *hagalaz* parece um H, letra com a qual compartilha o som. Representa também uma tempestade de granizo, e pensar em pedras de granizo caindo pode ajudá-lo a se lembrar do significado da runa. Pense nas duas linhas retas de granizo caindo e na linha transversal como um relâmpago irregular raivoso riscando o céu.
Lembrete: granizo, horrível, massacre, *hex* (feitiço), circunstância, sofrimento, dano, inferno, hostilidade.

Neid

ᚾ

Número da runa: 10.
Sugestão de pronúncia: NYED (rima com "vied").
O som se parece com: N, como em "necessidade".

Visualização: visualize o glifo como um graveto cruzado para acender uma fogueira. Quando você sente frio, deve buscar o calor. Isso simboliza o fogo da necessidade que queima dentro de todos nós quando estamos tentando nos proteger, bem como preservar a nós mesmos e nossos desejos mais profundos.
Lembrete: necessidade, necessário, negligenciado, necessitado.

Isa

ᛁ

Número da runa: 11.
Sugestão de pronúncia: EES.
O som se parece com: I, como em “frio”.

Visualização: imagine um pingente de gelo pendurado em um telhado. *Isa* representa a barreira sólida e fria que o gelo cria quando bloqueia o movimento para a frente.

Lembrete: impedimento, calmaria sinistra, eternidade, intenção, inabilidade, atitude evasiva, inação.

Jera

ᛃ

Número da runa: 12.
Sugestão de pronúncia: YEHR-ah.
O som se parece com: J, como em “jornada”, mas também com o som de i curto, como em “saia”, visto que as línguas germânicas costumavam usar (e ainda usam) a letra J para representar um som de Y.

Visualização: para mim, o glifo *jera* se parece com um caminho tortuoso. Isso representa o tempo e o esforço necessários para colher boas recompensas.

Lembrete: *yes* (sim), salários anuais, *yours* (seu), pulo, jornada, alegria, justiça, germinação, generosidade.

Eihwaz

ᛇ

Número da runa: 13.

Sugestão de pronúncia: EYE-wahz.

O som se parece com: um som vocálico incerto perdido de dialetos passados, possivelmente soaria como "ai". Alguns o pronunciam como algo entre o E e o I.

Visualização: o povo antigo visualizava a runa *eihwaz* como um teixo, porque a madeira dessa árvore era usada para fazer um arco para atirar flechas. Você pode imaginar o glifo como uma árvore com raízes tão grandes quanto seu dossel. Alguns acreditam que essa seja a árvore mundial, de onde deriva toda a existência.

Lembrete: adaptabilidade, analítico, persistência, iluminação, empoderamento, renúncia.

Pertho

ᛈ

Número da runa: 14.

Sugestão de pronúncia: PEHR-thoh.

O som se parece com: P.

Visualização: imagine um copo para dados sendo jogado para a direita com dois dados saindo dele. Ou visualize *pertho* como o caldeirão da morte e do renascimento sendo mexido pela vida, ainda que esteja tombado para o lado para que nada possa acontecer.

Lembrete: possibilidade, prazer, predestinação, premonição, providência, procriação, simples de ver, poético, profano, brincadeira, perversão.

Algiz

ᛉ

Número da runa: 15.

Sugestão de pronúncia: ahl-GHEEZ.

O som se parece com: a princípio, esta runa soava como um Z, mas ela logo desenvolveu um som de R em alguns dialetos.

Visualização: o glifo de *algiz* se parece com as galhadas de um alce. Da mesma forma que as galhadas protegem o alce, *algiz* também pode protegê-lo e mantê-lo calmo e tranquilo diante do perigo.

Lembrete: zen, liquidar seus inimigos, refúgio, certeza, confiabilidade, repelir, recusa.

Sowilo

ᛊ

Número da runa: 16.

Sugestão de pronúncia: soh-WEE-loh.

O som se parece com: S, como em "Sol".

Visualização: um relâmpago ou raio solar descendo do céu, que o aquece com energia estimulante: isso é *sowilo.*

Lembrete: Sol, sucesso, sustento, seguridade, salário, segurança, sorte, e*s*pírito, e*s*tresse, inten*s*idade, autoconfiança, con*s*tância, e*s*tilo.

Tiwaz

ᛏ

Número da runa: 17.
Sugestão de pronúncia: TEE-wahz.
O som se parece com: T, como em "terça".
Visualização: *tiwaz* é a lança que o deus da guerra Tyr segura. Visualize o glifo como uma lança ou o caminho estreito e reto, no qual tudo aquilo que for justo e verdadeiro será revelado, desde que você siga as regras.
Lembrete: tyr, terça, triunfo, tributo, au*t*en*t*icidade, tentativa, tribunal, testes.

Berkanan

ᛒ

Número da runa: 18.
Sugestão de pronúncia: BEHR-kahn-ahn.
O som se parece com: B.
Visualização: o glifo *berkanan* se parece muito com a letra B, com a qual compartilha seu som. Por ser um runa de nutrição; visualize esse glifo como uma mulher grávida vista de lado ou como a mulher vê seus próprios seios.
Lembrete: bétula, berço, bebês, seios, bela, urso (*bear*).

Ehwaz

ᛖ

Número da runa: 19.

Sugestão de pronúncia: AY-wahz.

O som se parece com: E, como em "expedição".

Visualização: o glifo para *ehwaz* representava originalmente um cavalo, então, imagine-o como o perfil de um cavalo. Naqueles tempos, os cavalos eram usados como meio de transporte. Assim como a cooperação e a lealdade entre os seres humanos e os cavalos podem desenvolver a civilização, a parceria representada por *ehwaz* também pode significar casamento e o autocontrole em relacionamentos.

Lembrete: equino, expedição, empresa, experimental, acordo, afinidade com o outro, aliança, avanço, adornos, agente, associação com os demais.

Mannaz

ᛗ

Número da runa: 20.

Sugestão de pronúncia: MAHN-ahz.

O som se parece com: M, como em "masculinidade".

Visualização: esta runa pode ser imaginada como um homem de pé no espaço no meio da runa segurando dois machados, um em cada um dos lados. Eu costumo imaginá-la como um homem olhando-se no espelho. Essa runa pode representar toda a humanidade ou apenas um homem em uma leitura.

Lembrete: humanidade, membros da sua família, memória, memórias, buscas mentais, mente, mente alerta, mago, misticismo, microcosmo, homem, masculino.

Laguz

ᛚ

Número da runa: 21.

Sugestão de pronúncia: LAH-ghooz.

O som se parece com: L, como em "lago".

Visualização: o glifo para *laguz* se parece com um L rotacionado, que agora representa seu som. (Eu sabia que minha dislexia serviria para alguma coisa um dia.) Pode representar também uma caneca de cerveja com um alho-poró pendurado, que era um amuleto de proteção nórdico para impedir que quem a bebesse fosse envenenado. *Laguz* simboliza o uso imaginativo da criatividade. Pode representar até a proa de madeira entalhada de forma esplêndida de um barco *viking*, porque *laguz* pode significar uma viagem pela água. Como sempre, você pode escolher sua própria representação para ajudá-lo a se recordar dessa runa.

Lembrete: lagoa, lago, vida, amor, olhar para o futuro.

Ingwaz

ᛜ

Número da runa: 22.

Sugestão de pronúncia: ING-wahz.

O som se parece com: um N anasalado ou o gerúndio do inglês.

Visualização: imagine uma flecha saindo da página na sua direção. Olhando para a ponta, você só conseguiria ver *ingwaz*. Isso porque esta runa representa esse momento no tempo. Como a centelha da criatividade está nesse momento, *ingwaz* simboliza a concepção e pode, portanto, ser visualizada também como uma vagina ou a ponta de um falo.

Lembrete: agora, energia nervosa, natal, nutrição, nutritivo, entrada.

Othila

ᛟ

Número da runa: 23.

Sugestão de pronúncia: OH-thee-LAH.

O som se parece com: O, como em “moradia”.

Visualização: o glifo para *othila* lembra vagamente um laço, com a linha fazendo uma volta até suas pontas se encontrarem no meio. Isso representa o lar, porque mostra a jornada para fora de casa e de volta novamente. Além disso, o significado da ideia de lar pode se expandir para propriedade ancestral ou hereditariedade. A reencarnação, como alguns povos antigos e modernos acreditam, nos levará de volta ao lar, para a nossa família espiritual.

Lembrete: oásis, obituários, dono, origens, devido, antigo local.

Dagaz

ᛞ

Número da runa: 24.

Sugestão de pronúncia: DAH-ghaz.

O som se parece com: D.

Visualização: o glifo *dagaz* se parece com o símbolo do infinito. Para mim, ele também se parece com duas letras D frente a frente, como em um espelho, o que me lembra das palavras “dawn” (aurora) e “dusk” (crepúsculo). Por ser a última letra no futhark pode significar términos, o que é interessante, porque também pode indicar novos começos. Cada início é um término e vice-versa.

Lembrete: dia, destino, despertar, dia pleno, crepúsculo, escuridão, morte, dedicação, desenvolvimento, definição, desilusão.

A Runa Branca

Número da runa: não aplicável.

Pronúncia: algumas pessoas a chamam de "runa wyrd" ou "runa de Odin".

O som se parece com: não aplicável. Visualização: uma runa branca pode ser incluída em um jogo como um lembrete visual do mistério do desconhecido. Essa runa é totalmente opcional.

Lembrete: incognoscível, vazio, está nas mãos dos deuses.

O que Você Precisa para Ler e Interpretar as Runas

Você vai precisar de um jogo de runas, além de um saquinho para guardá-las e usar durante algumas formas de adivinhação. Você também vai precisar de um espaço confortável para fazer suas leituras. Algumas pessoas necessitam de privacidade para conseguir realizar a adivinhação com todo o conforto, especialmente os iniciantes. Você precisará de um espaço sem distrações, tais como aparelhos eletrônicos, pessoas e barulho. Poderá necessitar de uma superfície plana para algumas técnicas de leitura de runas e, claro, uma boa iluminação para enxergar suas runas.

Também recomendo que você anote os resultados da sua adivinhação. Às vezes, uma runa não fará sentido no contexto da pergunta formulada, mas fará muito mais sentido depois. Quando eu era adolescente, recebia respostas que indicavam conflitos quando tirava as runas antes dos meus términos com meus namorados da escola. A runa só fazia sentido depois de finalizado o namoro, visto que, em geral, eu não fazia a menor ideia de que o drama no relacionamento estava prestes a acontecer. Você pode também descobrir padrões, registrando os resultados das suas leituras. Uma amiga minha me contou hoje que ela puxou uma runa que representa renascimento quatro vezes na última semana, durante uma tiragem aleatória diária do seu jogo. Esse tipo de evento aleatório é considerado significativo por ser estatisticamente raro, mas pode ser difícil de detectar, a menos que você mantenha registros meticulosos.

Você pode comprar um jogo de runas ou fazer o seu. Algumas pessoas acreditam que runas recebidas de presente são melhores do que as compradas. Comprei jogos de runas e fiz os meus, e não vejo diferença nenhuma em acurácia ou precisão entre os dois. No entanto, aquelas que fiz parecem mais especiais e espiritualmente significativas quando as uso, e essa sensação aumenta quanto mais eu as guardo e utilizo.

Sorteio de uma Runa em uma Adivinhação Diária e Prática Meditativa

A melhor forma de memorizar as runas é praticar, praticar, praticar. Isso significa que você deve pôr seus olhos em, pelo menos, uma runa por dia. Sugiro sortear uma "runa do dia" do seu saquinho e anotá-la em um diário. Procure pelo significado e anote-o perto da runa. Então, comece uma associação livre do que você acha que essa runa poderia significar para você nesse dia. Tirar uma runa que represente nascimento, por exemplo, seria significativo se você fosse uma mulher grávida prestes a dar à luz, claro. No entanto, ela também poderia ser significativa se você estivesse prestes a iniciar a pintura de um quadro, dando à luz, assim, a um projeto artístico. Anote a data e seus pensamentos iniciais. Deixe um espaço para anotar algo mais depois, se o significado da runa se tornar mais aparente para você mais tarde no dia, na semana ou no mês. Depois de esgotar todas as ideias para essa runa, apenas olhe para ela por alguns momentos de meditação, grave seu formato e o significado na sua mente.

Esse processo é repetitivo por um motivo: ele o ajudará a desenvolver sua memorização e a criar associações com as runas na sua vida cotidiana. Por isso, seu encontro com as runas todos os dias deveria se tornar uma prioridade. Tente anotar na sua lista de tarefas, acionar um alarme nos seus aparelhos eletrônicos ou encaixar na sua rotina ao despertar ou na hora de dormir. Você perceberá que ficará mais rápido no processo enquanto faz, e isso é uma coisa boa. Sua leitura diária de runa acabará se tornando uma pausa bem-vinda no seu dia, bem como uma oportunidade para ver o futuro vindo e adicionar um sentido espiritual a um dia que, caso contrário, seria comum.

Para elaborar um diário de runas permanente, sugiro usar um fichário para inserir suas notas. Dessa forma, você pode ir acrescentando mais significados e interpretações das runas, à medida que se tornar mais experiente com elas. Acho que, durante alguns períodos da minha vida, eu tirarei a mesma runa repetidas vezes. Isso acontece para que se possa aprender como o significado se aplica à nossa existência. Você pode ter uma interpretação inicial a partir do livro, como a runa *algiz,* que significa proteção. No entanto, dias depois, se você sofreu um acidente de carro e, então, da próxima vez tirar *algiz*, ou ficar sem gasolina na estrada, a runa começará a assumir o significado mais específico de que você precisa se proteger de problemas com seu automóvel. Na terceira vez que tirar essa runa e checar seu diário, você provavelmente levará seu carro para uma revisão e verificará o óleo, a gasolina e os pneus, antes de ir para qualquer lugar. Cada jogo de runa pode adotar uma linguagem própria específica para você, de modo que conhecer um novo jogo de runas é como conhecer um novo amigo.

Dança Rúnica: Ioga Rúnica para Adivinhação Corporal e Memorização das Runas

Para fazer o sumo criativo circular, algumas pessoas usam movimentos com o corpo todo para se conectarem com as runas, e chamam essa prática de "dança rúnica" ou "ioga rúnica". Remexer o corpo para estimular o aprendizado e a inspiração é algo que eu aprendi quando estava cursando meu mestrado em Educação. Muitas vezes, para um aluno de ciências, por exemplo, não basta aprender os movimentos dos planetas ou dos elétrons olhando para imagens ou palavras em uma página; ele precisa se levantar da cadeira e orbitar pela sala como um planeta ou um elétron. Aprendizes cinéticos, aqueles que aprendem com o movimento e fazendo coisas, se beneficiarão de alguns desses exercícios meditativos.

Os movimentos rúnicos costumam ser feitos ao se assumir uma postura corporal que lembre vagamente uma runa. Para fazer a postura da runa *isa*, por exemplo, você deve ficar de pé com as costas retas e os braços esticados ao lado do corpo. Algumas pessoas resolvem girar lentamente em um círculo enquanto entoam o som da runa, cantando, nesse caso, a vogal I, antes de passar para a próxima postura. Existem obras dedicadas à ioga rúnica, com exemplos específicos, mas, como este livro é para iniciantes e encoraja a criatividade, sugiro que você use suas habilidades de visualização para assumir as poses que mais se adaptarem ao seu próprio corpo, em vez de tentar se adaptar aos diagramas ou imagens dos contorcionismos de outras pessoas.

Para se familiarizar mais com as runas, você pode dançar uma runa por vez, do início ao fim do alfabeto. Se estiver fazendo um exercício espiritual com uma intenção, runa de ligação ou roda rúnica, pode apenas fazer uma dança para cada uma das runas envolvidas e deixar o resto de fora. Usei a dança rúnica para auxiliar a me lembrar dos significados complicados das runas, que ficam escapando da minha mente, enquanto medito no significado de uma runa ao assumir a postura e visualizar meu corpo tomando a forma do glifo. Também usei a dança rúnica para ajudar a resolver o que uma leitura significa quando a adivinhação me deixa confusa. Se estou preocupada com como *hagalaz* poderia se aplicar ao meu relacionamento, em uma leitura a esse respeito, por exemplo, posso dançar *hagalaz* e sussurrar seu nome enquanto tiro todos os outros pensamentos da minha mente. Os significados que vêm até mim podem ser novos e mais profundos, quando tento personificar a runa, do que seriam se eu simplesmente procurasse por mais significados para as runas que os outros desenvolveram.

Cerimônia de Dedicação com um Ritual de Meditação

Fazer uma meditação diária sobre cada runa, em sequência, por um mês, pode ser uma forma de memorizar as runas, além de parecer também, pode-se dizer, com uma jornada. Então, resolvi combinar o processo de memorização delas com um pouco de cerimônia e celebração. Isso pode ajudá-lo a se dedicar como um praticante de adivinhação e magia rúnica. Há muitas palavras e títulos para aquele que usa runas. Um dos mais comuns é "mestre das runas" e a versão feminina moderna "mestra das runas". Eu pessoalmente prefiro os termos de gênero fluido do inglês antigo *runa* ou *runwita*, que significam uma pessoa sábia ou habilidosa. O último termo parece algo relacionado à palavra "bruxa" e, depois desse ritual de dedicação, você pode se considerar uma(um) bruxa(o) rúnica(o), de certa forma. Pode também usar a parte meditativa deste exercício, omitindo a parte da panificação, a fim de fazer um jogo de runas, ou dedicar um jogo completo para seu trabalho com as runas.

A ideia deste ritual é que você meditará sobre uma runa, enquanto entoa seu som e faz com suas mãos o formato aproximado da runa. Em seguida, você comerá um pedaço do pão com ervas que foi dedicado a essa runa, para levar as energias rúnicas para dentro de si. O primeiro passo será preparar o pão para sua jornada pelas runas. Medite em cada uma por vez, do início ao fim do alfabeto. Você pode realizar toda essa dedicação em apenas 24 dias, se você usar o Futhark Antigo, excluindo a runa branca do mistério opcional no fim. Não tem problema se prolongar por mais dias, se necessário. Isso foi criado para ser realizado por um período de um mês. Se usar um sistema rúnico mais curto, como as runas das bruxas, comece quando a Lua estiver começando a ser uma fatia no quarto crescente e, então, continue nessa energia até ela estar cheia ou quase cheia.

Aqui está a receita do pão. Asse pelo menos dois filões, para ter fatias o suficiente. Você pode fazê-los com antecedência, fatiar e congelar um pouco do pão, ou ir assando os filões conforme for necessário. Essa receita utiliza algumas ervas disponíveis em geral, que são associadas com determinadas runas.

Pão rúnico

4 xícaras de água

Um saquinho de chá de camomila, para sucesso de *sowilo*

3 colheres de sopa de mel

Fermento (1 pacote ou 2 ¼ colheres de chá)

3 xícaras da farinha de sua escolha

3 colheres de sopa de óleo

3 pitadas de sal

3 colheres de sopa de pinhões (moídos ou inteiros), para inspiração de *ken*

3 colheres de sopa de sementes de linhaça (moídas ou inteiras), para alegria de *wunjo*

Um pouquinho de alecrim, para dar gosto, para ajudar a ter sucesso na sua prática rúnica com *jera*

Faça um chá de camomila, fervendo 4 xícaras de água e adicionando o saquinho de chá. Espere até o chá amornar e chegar a uma temperatura agradável. Coloque uma colher de sopa de mel e o fermento em um medidor, e adicione cerca de 1 ½ xícara de chá morno para ativar o fermento, enquanto você mistura os outros ingredientes. Deixe espaço no seu medidor, pois a mistura pode dobrar de tamanho.

Pegue uma tigela e adicione o óleo primeiro. Ele ajuda a impedir que o pão grude muito nas laterais. Misture o sal, os pinhões, a linhaça e o alecrim na tigela com um garfo. Quando o fermento dobrar de tamanho, misture-o com os ingredientes secos. Adicione 1 xícara por vez do chá de camomila até a massa chegar à consistência certa; ela deve ficar maleável, mas firme. Pode ser que você não precise usar todo o chá. Misture bem a massa e deixe-a descansar por 90 minutos. Sove a massa e coloque-a em uma forma untada por mais 60 minutos. Asse em uma temperatura de 200°C por cerca de 30 minutos ou até a crosta ficar dourada. Rende um filão.

Opção Alternativa

Se sua dieta não permitir nenhum tipo de pão, tente substituir por fatias de maçã. É fácil entalhar runas nelas, e elas contêm a energia de *ingwaz*, que representa todo o potencial do momento presente. Essa única runa contém a energia nascente a partir da qual todas as outras energias podem surgir. Entre outros alimentos rúnicos que você pode adicionar para fazer um banquete rúnico estão o chá de urtiga, para beber na energia do sucesso de *fehu*, e uma porção de alho-poró, para assimilar o poder divinatório de *laguz*.

Passos Ritualísticos: uma Runa por Dia

Passo 1: Pegue seu pão, uma faca e quaisquer objetos rúnicos que quiser consagrar. Toste o pão antes. Pegue também o produto que você preferir passar no pão e um copo de água (ou chá de camomila ou urtiga) para ajudar na digestão.

Passo 2: Crie um espaço sagrado. Você pode fazer isso trancando as portas e desligando aparelhos eletrônicos que possam distraí-lo, acendendo uma vela, queimando seu incenso favorito ou tocando música que o deixe no clima. Você pode sair na natureza e usar um ambiente natural como espaço sagrado.

Passo 3: Posicione uma fatia do pão na sua frente. Entalhe o glifo da runa do dia no pão. Você pode usar seu produto favorito para passar no pão, a fim de fazer um desenho, em vez disso, mas alguns acreditam que o ato de cortar a runa ritualmente dá mais poder ao processo. Toste o pão primeiro e marque a runa nele, se quiser deixá-la mais visível.

Passo 4: Faça com suas mãos o formato aproximado da runa acima dela. Esse gesto é chamado de *mudra* e é usado na meditação rúnica para se sintonizar com a energia da runa.

Passo 5: Mantenha sua mão sobre a runa, entoe ou cante seu som. Alguns optam por entonar o nome da runa, enquanto outros escolhem o som fonético (uma runa como *sowilo* seria apenas um assobio). Nós temos conhecimento de que as runas eram tradicionalmente cantadas, mas não sabemos com certeza qual opção os antigos usavam. Sugiro que o iniciante escolha cantar o som fonético, porque o conhecimento dos sons rúnicos pode ser útil para a adivinhação de nomes ou outras palavras cujos sons saíram dos glifos. Se você se interessar mais pela magia rúnica, entoe o nome, pois cânticos com o nome da runa podem ser usados para ter um bom resultado na magia. O ideal seria sua meditação durar 20 minutos, mas, se não estiver acostumado à meditação, não tem problema se esse passo demorar menos do que isso.

Passo 6: Coma o pão, visualizando a energia da runa tornando-se uma parte de você.

Passo 7: Agradeça à runa ou ao divino por lhe ensinar. Apague as velas e descanse por um momento para se permitir retornar ao mundo mundano, ou vá dormir assim que for possível e anote seus sonhos, assim que despertar, para receber as mensagens dessa runa.

Capítulo 2

Adivinhação com Runas: Lançamentos, Mapas e Tiragens

Existem muitas formas para se preparar para a leitura de runas. Neste capítulo, eu apresentarei muitos exercícios diferentes para fazer antes, durante e depois de cada leitura. Não fique confuso se notar que alguns passos parecem se sobrepor ou serem mutuamente exclusivos. O ponto aqui é fornecer diversas ferramentas para você ter em mãos. Escolha de que maneira quer fazer as coisas, de acordo com o modo como essa leitura de runa se adapta à sua vida com praticabilidade e conforto. Escolha uma forma e siga com ela, ou intercale métodos diferentes até encontrar aquele que combine com sua personalidade e objetivos.

Preparação

Primeiramente, entre no estado de espírito certo ou estabeleça uma filosofia sobre seu uso das runas que ajude sua habilidade de utilizá-las com a frequência que desejar. Muitos iniciantes não têm confiança. Eles se preocupam em não ter o necessário para ser um excelente vidente. Na Antiguidade, no entanto, a adivinhação não era algum tipo de dom especial de habilidades psíquicas. Usar as runas era algo que cada chefe de família pode ter feito com regularidade. Os povos antigos pensavam em si mesmos como um canal para o conhecimento entregue por seus deuses. Então, relaxe e deixe a informação passar por você enquanto aprende com suas runas.

Quando eu trabalhava como professora em uma nova escola, conseguia encaixar com facilidade as runas na minha vida cotidiana. Não fazia uma preparação muito especial. Buscava a privacidade por opção e só precisava das minhas runas, de um saquinho e de uma superfície. Não tem problema esperar até que o momento seja auspicioso para uma leitura. Na Lua cheia é um ótimo momento para uma leitura, porque as habilidades intuitivas das pessoas estão intensificadas. Alguns evitam a leitura na Lua negra ou fora de curso, e usam esse instante para descansar as energias psíquicas. Como a leitura da sorte agora é meu trabalho diário em tempo integral, obviamente eu não espero por ocasiões especiais nem evito utilizar as runas durante momentos desfavoráveis, mas um iniciante pode certamente experimentar para ver se a atividade da Lua afeta de forma significativa a habilidade da leitura. Muitas pessoas tiram uma runa do saquinho antes da adivinhação apenas para responder se a adivinhação deveria acontecer, esperam um "sim" ou um "não". Se a runa tiver, em geral, uma natureza negativa, significa que se deve tentar de novo depois. Se a runa for positiva, é um sinal de ir em frente com a leitura. No caso do iniciante, mais preparação antes de uma leitura pode colocá-lo no espaço mental adequado e ajudá-lo a fazer da leitura de runas mais do que um momento especial, se isso for o que você desejar.

Se quiser fazer mais alguma preparação, aqui vão algumas coisas de que eu gosto de praticar a fim de criar um clima para uma leitura de runas. Música ambiente, tais como tambores suaves, ou música instrumental para meditação são opcionais. Gosto de acender incenso e fazer as leituras à luz suave das velas. Como pinto ou entalho os glifos que contrastam com seu fundo, não necessito de uma iluminação forte para ver minhas runas, como poderia precisar em uma leitura de mãos ou na leitura da folha do chá, por isso tenho uma boa desculpa para a luz suave. Posso deixar meus olhos perderem o foco, e apenas relaxar e entrar na intuição do momento.

Livrar-se da energia espiritual negativa que preenche o ar é outra forma de se preparar para uma leitura de runas. É um modo de garantir que as leituras continuem a não ser afetadas pela negatividade. As pessoas fazem isso de muitas maneiras, talvez acendendo um feixe de sálvia para defumação e espalhando seu aroma ao redor, ou varrendo o espaço com uma vassoura. Algumas pessoas acham que espíritos malignos podem influenciar suas runas, se esse passo não for observado, mas não se preocupe demais com isso. A negatividade me afeta quando os problemas do mundo externo começam a arruinar minha habilidade de me concentrar nas minhas runas. Se estiver pensando em como eu deveria estar trabalhando na minha dissertação, e tenho de ficar discutindo comigo mesma sobre como moderação, pausas e foco na minha espiritualidade com as runas é importante, não estou no estado de espírito certo. Limpar a energia negativa do meu estresse diário é um passo útil na preparação para uma leitura.

Em seguida, abençoe o espaço ou blinde-o energeticamente, e o proteja para preencher o vazio que você acabou de criar com a limpeza. Eu gosto de desenhar um círculo ao meu redor com a minha mão para manter dentro dele todas as energias positivas com as quais estou trabalhando na minha leitura. Você pode adicionar sal na água e aspergir essa "água-benta" ao redor para abençoar a área, acender seu incenso favorito ou, simplesmente, separar algum momento para orar ou meditar um pouco, focando os sentimentos positivos. Fique à vontade para acrescentar mais rituais às suas leituras, se quiser. E pode certamente omitir as preparações elaboradas, se você se sentir mais confortável assim. Como nós não sabemos exatamente como os povos antigos se preparavam para usar runas para a adivinhação, crie suas próprias tradições modernas.

Jogos de Runas: Padrões de Lançamento

Um lançamento é uma forma simples de ler as runas. Aprendi originalmente esse método lançando ossos sem marcações. Como iniciante, é bom praticar com ossos sem marcações também, antes de adicionar as interpretações dos símbolos rúnicos à mistura. Você pode usar ossos de frango secos. Eu coletava ossos velhos de gado encontrados no deserto para o ritual, pois sou vegetariana. Peço também aos meus amigos e familiares consumidores de carne para separarem os ossos da sorte para esse e outros propósitos mágicos.

Leve suas runas, seus ossos ou suas pedras e lance-os em uma superfície plana. Gosto de fazer isso no chão e depois me levantar para dar uma boa olhada neles de longe, mas não tem problema se preferir ficar sentado e lançá-los em uma mesa. Você notará que alguns caem naturalmente mais perto um do outro em conjunto, já alguns caem mais longe. Se usou runas, isso significa que elas em conjunto são o centro da situação, e estão relacionadas umas com as outras. Se utilizou ossos não assinalados ou pedras, busque por padrões específicos. Alguns arranjos comuns são triângulos, quadrados, círculos, linhas e flechas. Apresento aqui como os significados desses padrões funcionam para mim. Você provavelmente perceberá novos padrões ou atribuirá novos significados. Anote-os em seu diário.

- *Flecha*: apontada para a esquerda, significa olhar para o passado. Apontada para a direita, a leitura se refere ao futuro. Apontada para cima, significa que a situação está evoluindo ou o problema será superado. Apontada para baixo, significa um grande retrocesso.

- *Cruz*: uma cruz indica tensão e conflito. As runas que formam cada uma das pontas representam um aspecto diferente da questão. Note que uma ponta da cruz pode dominar, sendo mais longa do que as outras.
- *Linha*: se as runas são marcadas, uma linha pode mostrar a progressão de uma situação de uma runa à outra. Leia-as em ordem como se estivesse lendo palavras em uma página. Se estiver usando ossos sem marcações ou pedras, uma linha pode representar um bloqueio, então busque outros padrões nos dois lados da linha para ver o que está sendo bloqueado.
- *Triângulo*: um triângulo é um bom sinal, pois mostra harmonia e equilíbrio. Representa força e avanço.
- *Quadrado*: um quadrado representa estabilidade, dinheiro e a permanência em um lugar.
- *Círculo*: um círculo pode representar proteção, relacionamentos e amor.
- Existem outros padrões que podem ser adquiridos pelo estudo da Astrologia, no qual os posicionamentos dos planetas no céu no momento do nascimento da pessoa podem ser avaliados para encontrar as características da personalidade. Resumo a seguir os padrões aleatórios espalhados dos planetas no céu ou, nesse caso, das runas em um tecido, e seus significados adaptados, como os uso.
- *Tigela*: todas as runas ficam espalhadas em uma das metades do diagrama ou superfície de lançamento ou compõem uma forma em seu padrão, como um semicírculo ou o corte transversal de uma tigela, sempre que as lançar. Isso mostra que o sujeito está com a mente dividida ou fechada a um modo de ver ou fazer as coisas. Esse padrão também pode significar que uma pessoa mostra um lado de si, mas não o outro.

- *Balde*: esse padrão parece idêntico ao da tigela, exceto pela presença de uma runa isolada — que representa a alça do balde. A runa externa, então, torna-se um foco da leitura extraída de todas as outras runas do balde juntas.
- *Feixe*: as runas parecem estar todas limitadas a cerca de um terço do diagrama ou da superfície, deixando o resto totalmente vazio. Isso significa que o sujeito da leitura está limitado, sente-se preso, ou afastou-se intencionalmente da situação.
- *Estilingue*: o mesmo que o padrão da tigela, exceto pela presença de uma runa isolada que representa a alça do estilingue, como a alça da constelação do Grande Carro. A runa solitária representa uma obstinação a respeito do tópico da leitura.
- *Respingo*: quando as runas parecem estar espalhadas de forma uniforme e aleatória por toda a superfície de lançamento, isso é interpretado como uma falta de um senso de propósito ou direção de parte da pessoa para quem a leitura é feita.
- *Chanfrado*: as runas aparecem em pequenos grupos bem grudados, posicionados de forma uniforme por toda a superfície de leitura. O padrão chanfrado demonstra que o sujeito da leitura tem interesses evidentemente independentes e não será dissuadido de seus objetivos.

Ao usar as runas, você pode começar a desenvolver a leitura a partir desses significados com os glifos que vir. Não leia as runas que estiverem viradas para baixo. Elas representam potenciais não declarados e, portanto, não são pertinentes à leitura. As runas com o potencial não declarado podem ser usadas nas leituras nas quais se buscam opções ainda não exploradas, como se você estivesse tentando descobrir se um interesse amoroso que ainda não entrou na sua vida é melhor do que os outros interesses amorosos atuais. Mas, na maioria das leituras iniciantes, as runas viradas para baixo podem ser ignoradas sem problemas como não aplicáveis. Porém, elas são levadas em conta na formação do padrão das runas, mesmo se seus significados não forem lidos, assim como as escolhas que você não fez ainda afetam sua vida. Uma exceção a não ler as runas viradas para baixo é se você optar por utilizar uma runa branca na sua leitura, como um meio de indicar que as runas próximas a ela também são o ponto crucial da situação. Nesse caso, você terá de espiar embaixo de cada runa virada até descobrir qual é a runa branca.

Avalie quais runas ficam aglomeradas para formar os padrões menores primeiro, pois elas estarão no cerne da questão. Se uma aglomeração cair em um círculo, as runas podem representar as pessoas envolvidas em um relacionamento. Se cair em um quadrado, as runas que aparecem dentro dele podem se referir a um negócio ou local de trabalho. Se houver runas em um formato de flecha apontando para a direita, elas revelam o futuro.

O lançamento de runas em busca de padrões de leitura é uma técnica excelente para usar em leituras gerais, deixando as runas lhe contarem no que você deveria se concentrar na sua vida no momento. No entanto, muitas pessoas que utilizam as runas para adivinhação já têm uma pergunta específica em mente quando recorrem a elas. Se é sobre amor ou dinheiro, o passado ou o futuro, testa-se a paciência durante uma leitura que insiste em transmitir mensagens sobre outros tópicos, além daquele que prende sua atenção.

Eu me lembro de que, no início da faculdade, lançava as runas várias vezes pensando no meu relacionamento que estava desmoronando, e ficava frustrada por elas me transmitirem mensagens sobre minha vida acadêmica, minha família e meu caminho profissional. É como se as runas me contassem nas entrelinhas que o relacionamento tinha acabado, e eu precisava seguir em frente e colocar minha atenção em outras coisas. Afinal, as runas de cabeça para baixo eram um potencial não declarado, e essas runas que poderiam pertencer à minha vida amorosa permaneceram mesmo para baixo. Às vezes, pode ser bom permitir essas leituras em estilo livre, mesmo quando você tem um tópico específico em mente. Significa que as runas assumem uma vida própria para lhe dar orientação espiritual, transmitindo mensagens que você precisa saber, em vez de lhe dizer o que quer ouvir. Entretanto, há uma solução se você quiser que as runas tenham um pouco mais de precisão nas suas leituras: o uso de um mapa rúnico.

Mapas Rúnicos

Um mapa rúnico é um diagrama em uma superfície sobre o qual você lança as runas. Ele permite que você preveja significados adicionais a partir do lugar onde as runas caem no mapa. Um exemplo de um mapa rúnico que você poderia ter em casa é um tabuleiro Ouija, uma tábua espiritual em que estão impressos todos os números de 0 a 9, as letras do alfabeto, além das palavras "sim" e "não". Você pode fazer um tabuleiro desses em um pedaço de papel. Omita a prancheta, que é o dispositivo usado para indicar os símbolos na tábua. Lance as runas na tábua, em vez de em outro lugar, para realizar uma leitura espiritual com as runas. Se fizer um jogo especial de runas negras usadas apenas para a comunicação espiritual, ele pode ser utilizado para falar com um grupo de antepassados. As runas que caírem perpendiculares às letras podem representar a inicial do nome de um antepassado se apresentando. As runas que caírem no "sim" e no "não" podem indicar um conselho para você. Aquelas que caírem nos números podem responder a perguntas sobre datas ou qualquer outra questão numérica.

Existem muitos mapas rúnicos já em uso por aí, e você pode fazer o seu adaptado ao seu propósito. Na verdade, você pode fazer um mapa rúnico para apenas uma única questão. Se uma mulher estiver com dificuldades de escolher entre dois belos pretendentes, por exemplo, ela pode escrever os nomes de cada um em um pedaço de papel e, então, lançar as runas sobre o papel para comparar qual deles seria melhor para ela por meio das runas que caem sobre ou perto do nome. Os mapas rúnicos que criei para vários propósitos diferentes estarão no capítulo 3 sob o subtítulo de cada tópico comum, para que você possa consultá-los de acordo com a pergunta de leitura que estiver na sua cabeça. Um mapa rúnico comum que pode ser utilizado para qualquer tópico é a Janela de Finn.

Janela de Finn

O mapa e a técnica de lançamento de runas chamados de Janela de Finn são meus favoritos, porque combinam uma técnica mágica, algum conhecimento de lançamento de pedras ou ossos e métodos de leituras rúnicas. Deve-se começar usando uma superfície decorada com um mapa rúnico. Pode ser um tecido com o mapa desenhado nele, linhas desenhadas na terra ou uma mesa pintada. A Janela de Finn é simplesmente um círculo dividido em quadrantes por uma cruz. O tamanho da Janela depende da dimensão das suas runas. Todas elas devem caber facilmente dentro do círculo com bastante espaço, para que você possa ver se algumas delas ficam aglomeradas.

Para fazer a Janela de Finn da forma correta, você também vai precisar de um objeto simbólico ligado à sua pergunta. Se estiver tentando falar com sua avó falecida, por exemplo, use o par de óculos dela. (Você pode querer jogar as runas com delicadeza se estiver usando objetos quebradiços, embora eu nunca tenha danificado nada com minhas runas de madeira favoritas.) Se quiser realizar uma leitura para sua irmã, utilize um cacho do cabelo dela.

Se pretende ter um bebê, desenhe a imagem de uma mulher grávida. Para uma leitura sobre seu casamento, use alianças. Coloque o objeto ou objetos no centro da Janela. Balance as runas devagar no seu saquinho e lance-as às cegas na superfície.

As runas que você vai ler são aquelas que caírem em qualquer quadrante dentro do círculo, viradas para cima, para que você consiga ver o glifo. Aquelas que caírem com o glifo virado para baixo são de potencial não declarado. Aquelas que caírem para fora da janela não são vistas nessa situação. Em seguida, veja quais runas se aglomeraram dentro da janela. Isso representa o cerne do problema. Aquelas que ficam separadas são apenas influências periféricas.

Observe em que parte do círculo as runas caem. Se estiverem aglomeradas na parte superior, isso indica um resultado positivo ou uma leitura favorável no geral, mas se as runas caírem aglomeradas na metade inferior, a leitura será cheia de alertas. Se as runas caírem mais na metade direita do círculo, o problema e sua solução têm uma natureza mais prática e lógica, ao passo que se elas caírem mais para a esquerda, o problema tem um componente emocional mais forte e requer um trabalho interno ou uma manobra social.

Ordem de Interpretação

Passo 1: primeiro, encontre o ponto crucial da situação achando a runa branca, se optou por usar uma, ou lendo os aglomerados de runas. Os aglomerados devem sempre ser interpretados juntos.

Passo 2: procure por quaisquer linhas, partindo do centro do círculo para fora. Elas contam uma história sobre o progresso da situação, de modo que você deveria lê-las em ordem do centro para o exterior da janela. Esse é um caso em que você deveria ler as runas que estão fora da janela, juntas com a linha, desde que sejam uma evidente continuação dela.

Passo 3: quaisquer outras runas que caírem dentro da janela devem ser lidas em seguida como auxiliares da situação. As runas exibidas fora da janela não fazem parte do problema nem da situação, mas podem ser lidas para garantir que não fazem parte dela mesmo. No caso de uma leitura sobre um divórcio, por exemplo, se uma runa que você considera uma representação de uma ex-mulher cair para fora da janela, você pode ficar descansado, pois ela não está tentando se meter e piorar a situação.

Passo 4: verifique a solução geral para o problema, vendo se as runas caíram nos lados direito ou esquerdo da janela.

Passo 5: por fim, confirme se o resultado é positivo ou negativo, vendo se as runas caíram na metade superior ou inferior da janela. Você notará o padrão nesses dois últimos passos na hora, é claro, mas é sempre bom ouvir todo o conselho das runas antes de decidir seu destino. Você também quer entregar toda a mensagem, se estiver fazendo a leitura para outra pessoa.

A Janela de Finn é complicada para um iniciante aprender, mas ela dá uma base firme em várias habilidades vitais para a leitura das runas. Portanto, embora não seja a técnica mais simples, eu a apresentei neste estágio para que você possa aprender as habilidades que a Janela de Finn reforça. Então, você também pode usá-las em outros métodos de leitura. O engraçado sobre a Janela de Finn é que o diagrama em si é simples. Ele pode ser desenhado na areia. Em caso de necessidade, pode-se até mesmo apenas visualizar na sua mente a janela e o objeto colocado no centro. Afinal de contas, todos esses dispositivos usados para adivinhação rúnica não passam de ferramentas. Todas as runas reais existem dentro de você, e, por ser um iniciante, está usando ferramentas para aprender as runas e integrá-las na sua vida conscientemente. As runas não são uma muleta para sua intuição, mas uma extensão do seu direito nato como ser humano de usar a linguagem, a qual cria ideias que, em seguida, manifestam coisas reais no mundo.

Algumas pessoas optam por não usar mapas ou nem lançar as runas. Posicionar as runas com calma é uma opção para jogos que sejam delicados, como aqueles feitos de ossos dissecados ou cristais frágeis ou, ainda, aqueles marcados com tinta, caneta marca texto, ou até mesmo sangue, que lasquem ou saiam facilmente com o lançamento. Aqueles que desejarem posicionar as runas com calma usam um método de leitura de cartas de tarô chamado "tiragens". As cartas de tarô são baralhos utilizados desde o século XVIII para ler a sorte, posicionando as cartas em padrões específicos chamados tiragens. As posições das cartas na tiragem dão contexto a cada uma, e, depois, essa mesma técnica foi aplicada às runas.

Aspectos da Runa

Outra técnica de leitura, emprestada da Astrologia, é a prática da leitura pelo ângulo ou "aspecto", na qual se leva em conta a relação de um com o outro em uma tiragem ou diagrama rúnico. A melhor forma para um iniciante entender os aspectos é com o simples diagrama de tiragem a seguir. Essa tiragem pode ser usada para qualquer tópico de foco ou questão.

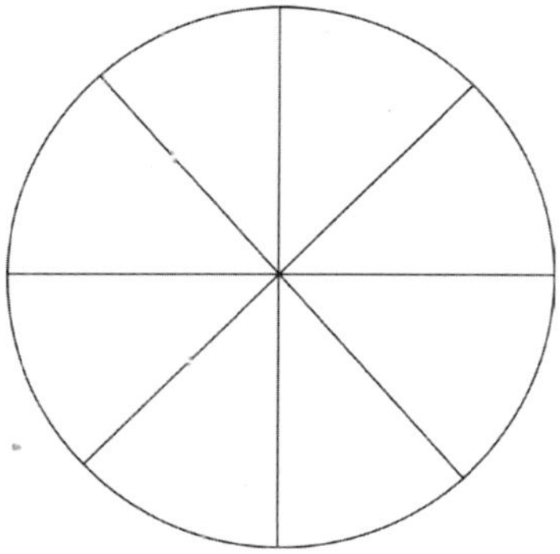

Legenda: *Diagrama de Aspecto*

Um diagrama de aspecto se parece com um gráfico circular com oito seções. Para usar esse gráfico, lance as runas e deixa-as cair onde for. Para propósitos de aprendizado, na primeira vez que você usar esse mapa, pode ser que queira arrumar as runas dentro das fatias nas quais elas parecem cair, se parte delas ficar sobre uma linha. Você pode também querer virar todas as runas à mão, para que o topo de cada uma fique do lado de fora do círculo e a parte debaixo de cada runa fique na ponta da seção.

As runas que caem diretamente opostas uma da outra se afetam negativamente. As runas que ficam em um ângulo de 90° uma da outra no diagrama também causam alguma oposição ou tentam bloquear a energia uma da outra na sua vida. No entanto, as runas que ficam em um ângulo de 45° uma da outra, ou menos, afetam-se positivamente. Alguns mestres de runas avançados leem aspectos das runas em todos os jogos, observando o ângulo que cada runa assume em relação a todas as demais. Você não precisa ler os aspectos rúnicos em cada leitura, mas lidar com esse mapa pode ajudá-lo a crescer como um iniciante, e mostra como até mesmo runas negativas, em geral, podem afetar outras positivamente e vice-versa. A runa *hagalaz*, por exemplo, pode ser suavizada com a presença de *ingwaz* em uma leitura sobre relacionamento, visto que, certamente, qualquer início em um relacionamento sexual pode ser frenético e embaraçoso. Contudo, *hagalaz* pode transformar *uruz* em uma situação negativa em uma leitura a respeito de uma data de casamento potencial, e enfatiza uma forte "tempestade" à vista.

Sorteio de Runa

Antes de mergulharmos nas tiragens das runas, vamos dar uma olhada na prática de apenas sortear uma runa do seu saquinho. Isso às vezes é chamado de "puxar uma runa" ou "tiragem de uma runa". Sortear uma runa por dia é uma forma maravilhosa de se familiarizar com as runas e memorizá-las, especialmente se você separar um momento para meditar sobre elas também. Aqui está uma prática de seleção rúnica que você pode começar amanhã.

Prática de Sorteio da Runa

Primeiro passo: deixe um saquinho de runas na mesa de cabeceira, junto ao seu diário rúnico e a uma caneta ou lápis. Se estiver no piloto automático pela manhã, coloque seu saquinho em cima de algo que você sabe que vai pegar, como seus óculos, o relógio, ou suas vitaminas e medicamentos tomados pela manhã. Depois de se levantar, sorteie uma runa do saquinho, fechando na sua mão a primeira runa que tocar ou aquela cuja energia espiritual demonstrar ser a certa.

Essa energia pode se parecer com um zumbido, uma sensação de penugem, calor, pressão ou outra coisa qualquer. Pessoas diferentes sentem a energia de diversas formas, e está tudo bem. Depois de escolher sua runa, observe o glifo, mesmo se você estiver olhando nas costas da runa assim que abrir sua mão. Não tem problema virar a runa para cima quando a sortear. Copie o glifo no seu diário, e anote quaisquer ideias iniciais a respeito do que a runa poderia significar sobre o seu dia. Se você tirou a runa *hagalaz*, por exemplo, é um alerta claro. Pense no seu dia e no que poderia provocar um alerta como esse. Se estiver se preparando para cair na estrada em uma viagem, pode significar a necessidade de um cuidado a mais na rodovia, ou que precise verificar o óleo e os pneus do carro, para eles não estourarem no caminho. Se o clima do lado de fora parecer ameaçador, *hagalaz* pode ser um prognóstico literal de granizo.

Segundo passo: siga em frente no seu dia, mas fique alerta a respeito da runa que você sorteou de manhã. Se vir a influência da runa se realizar, anote imediatamente. Essa expressão da runa sorteada agora pode ser adicionada como uma interpretação no seu diário. Sempre que ela aparecer no futuro, você terá um exemplo bem concreto do que ela poderia significar, no seu caso.

Terceiro passo: na hora de dormir, separe um momento para passar a limpo no seu diário todas as notas que você fez durante o dia. Se você não viu a influência da runa se realizar, não tem problema, escreva sobre isso também. Afinal de contas, esse é um processo de aprendizado. Separe um tempo para meditar, enquanto observa a runa antes de dormir. Não tem problema se adormecer olhando para a runa. Na verdade, aprendi quando criança que, se eu adormecesse pensando em algo, decoraria isso. Essa antiga sabedoria popular me serviu bem.

Eu projetei o sorteio das runas como uma disciplina que o ajudará a se tornar um runólogo sério, com um laço vitalício com elas. No entanto, o processo pode ser simplificado para tomar apenas um mero intervalo do seu tempo, se você quiser integrar as runas na sua vida de um modo mais descomplicado. O principal é tornar suas runas acessíveis. Guarde-as em um lugar bem visível, como na sua escrivaninha ou até no seu carro. Você terá algo com que ocupar seu tempo, enquanto faz uma pausa ou espera por alguém em um estacionamento. Não verifique suas runas em semáforos, é claro, ou enquanto dirige. Tenho certeza de que a adivinhação enquanto dirige é tão ruim quanto enviar mensagens pelo celular dirigindo. Manusear as runas deve ser uma pausa bem-vinda no seu dia. Respire fundo e sorteie uma runa do saquinho sempre que quiser. Observe-a e coloque-a de volta no saquinho, sabendo que você enriqueceu sua espiritualidade apenas um pouquinho com essa prática simples e antiga.

Tiragens Rúnicas

Vamos explorar agora a prática das tiragens de runas. Elas podem variar do incrivelmente simples ao mais complexo. Podem ser feitas com uma única runa ou todas. Algumas tiragens avançadas combinam até jogos de runas. Eu ensinarei o básico aqui, e depois você pode procurar por outros exemplos de tiragens no capítulo 3 para cada tópico que lhe interessar. As tiragens de runas são uma prática importante para o iniciante aprender a lê-las, por dois motivos: primeiro, usar tiragens torna a interpretação mais simples, porque o significado atribuído à posição na tiragem pode reduzir suas opções, quando houver mais de uma interpretação possível para essa runa. Segundo, como as tiragens também são usadas para cartas de tarô, conhecer as tiragens rúnicas fornece uma habilidade que você pode aplicar em outras formas de adivinhação. Como resultado, você se torna um praticante mais sério.

Uma tiragem não exige uma superfície especial marcada, embora algumas pessoas gostem de fazer tecidos elaborados com os diagramas das tiragens. Uma tiragem pode ser decorada ou utilizada enquanto se observa o diagrama em uma mesa sem marcação.

Sem mais delongas, vamos começar com as melhores tiragens com várias runas para iniciantes.

Tiragem com Três Runas

A tiragem com três runas é a melhor para os iniciantes, porque pode ser aplicada a qualquer tópico, e torna as leituras muito mais claras. Para essa tiragem, você sorteará três runas e as posicionará em uma linha. Vire para cima todas aquelas que ficaram viradas para baixo. No caso das tiragens, não tem problema interpretar todas as runas que vir, porque você está sorteando apenas um número específico. As runas não declaradas permanecem no saquinho o tempo todo.

A primeira runa representa o passado, a segunda simboliza o presente e a terceira, o futuro. Isso pode deixar as leituras rúnicas muito mais claras porque, se você tirar *wunjo*, por exemplo, não terá de se questionar se a runa se refere a uma bênção que já ocorreu ou que está prestes a acontecer. A tiragem faz um pouco do trabalho de interpretação para você.

Experimente a tiragem de três runas para várias questões ou tópicos diferentes. Uma tiragem de três runas a respeito de sua vida amorosa será interpretada de uma forma diversa daquela sobre sua situação financeira. As tiragens ajudam a mostrar a versatilidade das runas, ao mesmo tempo que dão mais precisão às suas interpretações. Você ainda terá de usar algum senso intuitivo enquanto escolhe entre dois significados possíveis distintos para uma runa, mas as tiragens apresentam uma estrutura com a qual você pode trabalhar.

Martelo de Thor

O Martelo de Thor é uma tiragem muito comum que pode ser usada quando você estiver pronto para passar para uma tiragem um pouco maior. Ela também pode ser utilizada para diversos tópicos. Embora seja simples o bastante para um iniciante, conheço muitos leitores de runas profissionais que usam essa tiragem quase exclusivamente quando leem as runas para seus clientes. A tiragem recebe esse nome em alusão a Thor, um antigo deus do trovão nórdico que empunhava um martelo, visto que o antigo povo nórdico usava runas, e o desenho da tiragem deve se parecer um pouco com um martelo. No diagrama a seguir, os números representam a ordem na qual as runas são posicionadas, bem como a ordem em que são lidas.

3

2 5 4

1

1. Influências
2. Alertas

3. Bênçãos
4. Resultado
5. Destino em longo prazo

Escolha um tópico para sua leitura e tente desvendar um problema usando o Martelo de Thor. Pode ser bom receber alguma sabedoria divina e olhar sua situação de uma perspectiva externa. Essa tiragem também oferece a chance de observar tanto alertas quanto bênçãos. Você sempre vai conseguir ver o lado positivo, de modo que esta é uma ótima tiragem para fazer para uma situação na qual se sente deprimido. É interessante como uma runa às vezes "má" será colocada na posição de bênção. Essa é uma forma na qual o poder das runas pode deixá-lo ver algumas das suas fraquezas como forças.

Inversões

Antigamente, as pessoas escreviam as runas que estavam viradas para baixo e até as invertiam de maneira aleatória. Poderia ser que a forma em que a runa estava virada simplesmente não importasse aos mestres rúnicos originais. Todavia, na adivinhação, ler as runas de outro modo, quando elas são lançadas de ponta-cabeça, ou se você as vir invertidas quando as posicionar às cegas em uma tiragem, é outra técnica que foi importada da leitura de cartas de tarô. Essas runas são chamadas de "invertidas", e elas costumam ser lidas como uma versão extrema e negativa da runa na posição normal. Muitas runas não podem ser invertidas, porque parecem iguais viradas para baixo e para cima. Acho que se pode argumentar que os iniciantes não devem ler as runas desse modo. Não só é historicamente impreciso lê-las dessa forma (e muitos de nós não querem se manter fiéis aos modos antigos), mas também ler as runas invertidas acrescenta muita negatividade e uma complexidade desnecessária a uma leitura de runas. No entanto, incluo essa menção das runas invertidas caso você se sinta pronto para a técnica, e queira ouvir todas as más notícias e os alertas que puder escutar. Ficar preparado para o pior que pode acontecer pode ter lá suas vantagens.

Como Elaborar uma História Significativa com as Runas

A parte mais difícil em qualquer forma de adivinhação é elaborar uma resposta coerente a partir do que vê diante de si. Como iniciante, você ficará indo e voltando na análise do seu jogo de runas ou tiragens, ao mesmo tempo que lê o livro para interpretá-las. Isso pode fazê-lo sentir que está apenas lendo palavras aleatoriamente e que cada uma não tem nada a ver com a outra. Anime-se, afinal, é normal ter uma sensação inicial de confusão sobre como as interpretações se adaptam. O pulo do gato é sintonizar-se com sua intuição, em vez do senso comum, e isso demora para ser aprendido. Demora ainda mais ter mais conforto com a prática. Uma leitura de runas não é como uma palavra cruzada – está mais para um livro interativo da série "Escolha Sua Própria Aventura" que ainda está sendo escrito.

As runas contêm todo o potencial da experiência humana. Algumas pessoas destacam que as runas podem caber em cada fase da jornada de um herói. Essa é a história arquetípica identificada pelo mitólogo Joseph Campbell, que é contada repetidas vezes em cada grande mito, da *Odisseia* a *Star Wars*. Gosto de contar às pessoas que são novatas na experiência com a leitura de runas que, quando lançadas aleatoriamente, ou posicionadas nas tiragens, as runas podem contar toda uma história.

Cada história tem um início, um meio e um fim. O início da leitura deve começar com uma descrição do passado ou da situação como é mostrada pelas runas. O meio de uma leitura de runas deve-se dar na busca dos protagonistas e de quaisquer "vilões" ou grandes dilemas e clímax. Você não precisa contar o fim da história de ninguém, mas o final de uma leitura costuma incluir um vislumbre do futuro, um resultado ou uma visão geral.

A melhor forma para um iniciante tornar-se proficiente no processo de criar leituras fluidas é afastar-se gradativamente das interpretações deste livro nas leituras. Volte ao primeiro capítulo do livro, sob o subtítulo "As Runas do Futhark Antigo", além de criar um diário e fazer anotações nele, se estiver com dificuldades para lembrar e construir os significados rúnicos. Com a prática diária, você pode aprender essa habilidade e mantê-la por toda a vida. Depois de ter memorizado os significados e iniciado o processo vitalício de adicionar suas concepções personalizadas, comece a praticar a tiragem de três runas para contar contos com elas. Se já estiver proficiente na leitura diária de uma runa, ou do sorteio de uma runa para si mesmo, tente passar para uma leitura de três runas para você ou para outra pessoa todos os dias.

Por haver tantos roteiros mágicos e tantas técnicas de adivinhação relacionadas, às vezes eles se misturam com as runas. Isso acontece porque ainda estamos aprendendo a melhor forma de usá-los. Os antigos não nos transmitiram um guia completo de como eles utilizavam as runas. Muitos contemporâneos preencheram as lacunas no nosso conhecimento com fontes ricas de informação da Astrologia, da Quiromancia e de outras artes. Nossas percepções aprimoram a arte, enquanto aproximam o jogo de runas das suas raízes. Talvez você seja o próximo grande mestre a fazer uma importante descoberta com as runas.

Adivinhação com o Ogham

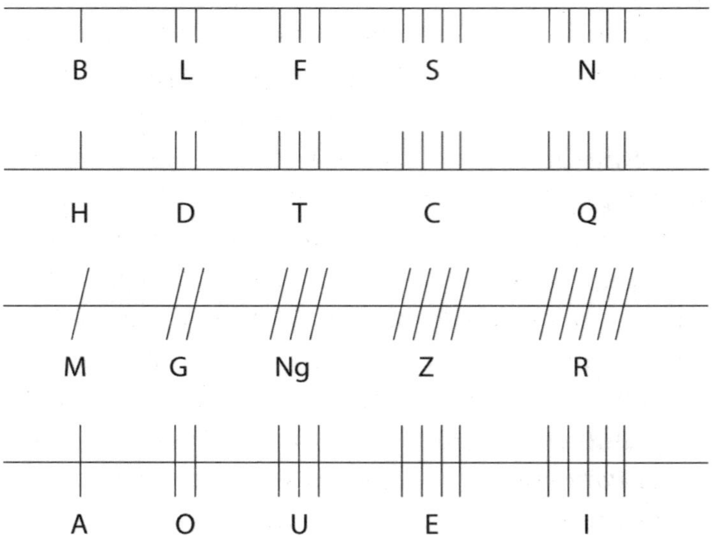

Beith-luis-nin, o alfabeto Ogham

Os iniciantes costumam confundir o alfabeto Ogham com as runas, porque ambos são escritas antigas que eram usadas para adivinhação, e ainda são utilizados para magia, escrita e adivinhação atualmente. Na verdade, a Janela de Finn é um empréstimo do folclore antigo a respeito de Ogham, não das runas. Assim como o Futhark vem das seis letras iniciais de seu alfabeto, o Ogham é chamado de *Beith-luis-min* por causa das primeiras letras dessa escrita. Um aspecto do Ogham que pode ser adaptado às runas é a tradição de marcá-lo em gravetos para adivinhação, em vez de pedras ou pedaços de madeira. Os gravetos podem ser lançados na Janela de Finn assim como as runas, ou tirados aleatoriamente, como se tirassem palitinhos. Eu menciono essa forma de adivinhação, porque ela pode ser usada com qualquer sistema rúnico, além de ser uma alternativa para aqueles que querem entalhar as runas na madeira, mas não têm acesso a uma serra para dividir um grande tronco em pedaços. Apenas colete gravetos o suficiente para todas as suas runas e entalhe as runas em cada um. Tinta ou até mesmo uma caneta esferográfica servirão, no caso de você não ter acesso a outra coisa. Os gravetos podem ser colocados em um vaso decorativo para serem tirados aleatoriamente, sempre que você quiser consultar as runas. Usar o método Ogham de adivinhação com runas pode ser uma forma bela e discreta de incorporar as runas na sua vida.

Tiragem Rúnica do Horóscopo

De longe, a forma mais simples de se introduzir na Astrologia por meio das leituras das runas é usá-las como uma ferramenta para explorar seu horóscopo para o ano seguinte. Apenas sorteie 12 runas e coloque-as em um círculo com a face virada para cima diante de si. Coloque uma décima terceira runa no meio do círculo. Começando de cima, leia o círculo para os meses seguintes. Então, se atualmente for janeiro, a runa no topo representaria janeiro, e aquela à direita desta representaria fevereiro. A runa no centro representa seu tema para o ano, que amarra tudo. Uso essa tiragem com frequência com os clientes, pois ela pode ser muito útil para questões temporais. Você poderia perguntar, por exemplo: "Qual mês é bom para eu dar o próximo passo na minha carreira?" Avalie o que cada uma das runas significa em relação à sua vida profissional. Não só alguns meses se destacarão imediatamente como mais positivos do que outros, mas também você receberá um conselho específico das runas a respeito de quais passos deve tomar para sua profissão avançar e quando deve fazer isso.

Depois de dominar essa tiragem básica do horóscopo, experimente a seguinte tiragem de personalidade, que incorpora um pouco mais do campo da Astrologia.

Tiragem da Personalidade Astrológica

Coloque 12 runas em um círculo, com as faces viradas para cima, sorteando-as do seu saquinho. Elas representam as 12 casas astrológicas que, na Astrologia ocidental, costumam ser calculadas de acordo com o horário do nascimento e o local. Eu adoro recorrer a essa análise de personalidade como uma opção, se meu cliente não souber o horário do nascimento ou estiver pedindo uma leitura a respeito de alguém cuja data de nascimento é desconhecida. Mulheres grávidas, principalmente, adoram essa tiragem para dar uma olhada na personalidade de seu bebê ainda não nascido. Aqui estão as casas e seus significados, a fim de que você possa fazer um mapa da personalidade e da vida de uma pessoa com as runas:

1. Suas características, traços e peculiaridades de personalidade;
2. Sua visão a respeito de dinheiro e coisas materiais;
3. Sua infância e visões a respeito de estudo e viagens;
4. Sua família e suas raízes culturais, nacionais e ancestrais;
5. Amor, criatividade, filhos, hobbies, esportes e jogos;
6. Trabalho, saúde, animais de estimação e outros deveres;
7. Relacionamentos íntimos e profundos, incluindo relacionamentos profissionais e amizades;
8. Suas visões em relação a sexo, morte, espiritualidade e compromisso;
9. Espiritualidade e jornadas, tanto literais como metafóricas;
10. Sua condição social, buscas independentes e ambições;
11. Amizades, colaborações, conhecidos, associados, grupos e alianças na sua vida;

12. Suas inspirações e mistérios espirituais que você deve resolver.

Esse perfil de personalidade pode ser bem completo. No entanto, às vezes você só vai querer obter um retrato instantâneo de uma personalidade na leitura. Meus clientes costumam perguntar, por exemplo: "Como será minha próxima cara metade?" Essa é uma pergunta bem aberta, e as runas podem mostrar várias respostas diferentes, descrevendo a personalidade da pessoa desconhecida. Acrescentar algumas correspondências astrológicas pode ajudar. Se você fizer a tiragem de uma runa e sortear *fehu*, por exemplo, a runa está contando que sua próxima cara metade será um(a) ariano(a). Isso pode contar muito sobre a personalidade da pessoa, bem como dar uma pista de quando ela faz aniversário. Eu conheci clientes que queriam saber o signo de um amor potencial com antecedência para filtrar perfis em *sites* de relacionamento.

Capítulo 3

Leituras a Respeito de Amor, Dinheiro, Carreira e Estudo

Ser vidente é o melhor trabalho do mundo. Acordo de manhã e ajudo clientes com todos os tipos de perguntas no meu escritório, ou ao redor do mundo, pela internet. Nada me surpreende mais. Já me fizeram todas as perguntas possíveis e imagináveis. Por experiência própria, sei que a maioria das pessoas procura um vidente com uma pergunta urgente ou, pelo menos, uma situação em suas mentes, a menos que elas estejam apenas experimentando por diversão em uma festa ou em um festival, por exemplo. Por isso, tenho a sensação de que você provavelmente recorrerá às suas runas se algo o incomodar. Recorrer às runas por orientação espiritual não é ruim. Elas são uma ferramenta para sua própria intuição, bem como uma conexão sagrada com o divino. O uso das runas para adivinhação pode ser considerado uma forma de oração ou meditação, uma devoção tão útil quanto qualquer outro dever ou prática espiritual. Parti dos meus próprios anos de experiência para apresentar uma coletânea dos tópicos mais comuns que as pessoas levam às runas ou a qualquer outra ferramenta adivinhatória, por falar nisso. Este capítulo inclui alguns meios práticos de abordá-los e um plano para atacar seu problema com as runas como uma ferramenta espiritual poderosa.

Ao usar as runas para adivinhação sobre um tópico específico importante, o leitor pode desenvolver uma pressão e uma ansiedade que, de outro modo, não estariam lá, se você estivesse apenas praticando com leituras gerais. Você pode se questionar quais dos métodos que já aprendeu são os mais exatos, e qual deles apresenta a informação mais detalhada das suas runas. É importante saber a diferença entre precisão e exatidão. Exatidão significa que a informação é correta de forma consistente. Precisão significa que a informação é bem detalhada, não é geral demais. O ideal é que suas leituras sejam tanto exatas quanto precisas. Ler a respeito de tópicos específicos pode aumentar a precisão das suas leituras, mas só a prática e a experiência (bem como um pouco de sorte e ajuda divina) podem aumentar sua exatidão como leitor. É fácil para os iniciantes se sentirem sobrecarregados com a variação nas técnicas rúnicas. Entendo perfeitamente, porque essa é uma parte natural do processo de aprender uma nova habilidade que envolve a intuição.

Quando aprendi caratê, comecei praticando exercícios para saber como socar, bloquear e chutar. Mas, na primeira vez em que fui lutar com um oponente, não sabia o que fazer ou qual dos meus membros eu deveria mexer primeiro. Só depois de anos de prática consegui responder intuitivamente ao reconhecimento do terreno e ao problema diante de mim. Da mesma forma, é perfeitamente normal sentir-se incapaz por não ter a certeza de estar escolhendo as respostas certas em uma leitura de runa. Passei por esse mesmo tipo de aprendizado quando comecei a aprender a dançar depois de adulta. Aprendi alguns passos, mas ainda não sabia quais usar quando a música começava. Agora que você aprendeu alguns métodos de leitura de runas, as runas serão suas parceiras de dança ou de luta. Você terá de antecipar o que precisa que elas façam e, então, acompanhar o fluxo e sua própria intuição.

Este capítulo oferece alguns exemplos concretos de como conseguir as respostas necessárias a respeito dos tópicos que ocupam seu coração. Organizei cada tópico em quatro seções. A princípio, vou expor algumas expectativas a respeito do que as runas podem ou não dizer sobre o assunto em questão. Em seguida, apresentarei alguns exemplos de mapas rúnicos que podem ser utilizados para descobrir a informação que você quiser. Depois, mencionarei algumas tiragens rúnicas, que é outra forma de dar o contexto adequado às runas. Por fim, demonstrarei como as próprias runas podem ser interpretadas para atender ao tópico com mais precisão.

Amor

Um dos meus clientes recentes veio até mim para ter ajuda com sua vida amorosa e pediu que eu usasse as runas, pois ele sentia uma conexão ancestral com elas. Ele queria saber se era a hora certa para se casar. Explicou-me que já estava namorando uma garota legal, mas não tinha certeza se estava pronto para o casamento em si. Sempre quis crescer, casar e ter filhos. Para complicar a questão, seus pais, que moravam em outro continente, começaram a importuná-lo, dizendo que ele estava ficando velho demais para casar e ter filhos. Sua mãe queria que ele voltasse para sua casa nas férias para conhecer outra garota que ela tinha escolhido e pensava ser uma excelente pretendente para ele. Seus pais desaprovavam que ele cogitasse se casar com uma mulher nos Estados Unidos, e esperavam que ele considerasse se casar com alguém da mesma nacionalidade e etnia. Ele queria saber qual garota seria melhor para se casar e ter uma família, no fim das contas.

Em geral, as runas indicaram, para sua surpresa e alívio, que o relacionamento com qualquer uma das mulheres poderia resultar em casamento e família. No entanto, como era seu próprio desejo interno que o fazia namorar sua atual namorada, as runas indicaram que seria um caminho mais feliz emocionalmente, em princípio, se ele a pedisse em casamento. As runas também aconselhavam, porém, que ele nunca se sentiria completamente pronto para mergulhar no matrimônio e precisaria superar sua ansiedade.

A leitura fez sentido para meu cliente, e ele fez uma observação sobre como nunca se sentiu pronto para sair de casa e se mudar para um país tão distante e sem falar o idioma. Lembro-me de contar para meu cliente sobre como eu não me sentia pronta para ser mãe até olhar o rosto do meu filho recém-nascido; não estava pronta até acontecer comigo. Nós refletimos sobre como as runas às vezes são profundas e filosóficas, fazendo-nos olhar para além de um problema amoroso para considerar a natureza do amor em si.

O tópico mais popular entre clientes que vieram até mim para terem sua sorte lida é o futuro de suas vidas amorosas. Como uma mulher com um casamento feliz que está celebrando o décimo aniversário de suas abençoadas bodas neste ano, eu ainda preciso de uma ajudinha divina para ser uma esposa mais gentil. Muitos dos meus clientes me perguntam sobre velhas chamas ou novas paixões, questionando-se o que a outra pessoa está sentindo ou o que fazer em seguida para levar a química com o interesse amoroso ao próximo nível. Costumo utilizar as runas para ajudar a escolher as datas mais auspiciosas para casamentos e a dar o aval para casais morarem juntos ou, apenas, saírem em um segundo encontro. Vi as runas anunciarem o potencial para gravidez, que poderia ser causa de celebração ou um alerta para usar proteção, se a gravidez estivesse na hora errada. Definitivamente, as runas podem ajudar muito na vida amorosa de alguém, quando usadas da forma correta. No entanto, assim como acontece com qualquer ferramenta divinatória, é importante evitar ficarmos presos em uma análise sem fim do tópico.

Expectativas

Quando os clientes vêm até mim para que eu lhes faça minhas previsões, eles costumam ter algumas expectativas exageradas sobre o que pode ser previsto. Querem saber o nome de sua alma gêmea, o dia e a hora em que se encontrarão, sua aparência e onde seus caminhos se cruzarão pela primeira vez. Entendo o desejo de estar no controle e de ter um conhecimento completo da sua própria vida. Gosto de tomar as rédeas do meu próprio destino, e pode ser frustrante ser forçada a esperar, aprender e crescer como pessoa. Eu poderia contar algumas histórias sobre como me irritei com meus professores espirituais, praticamente exigindo ser alçada a uma categoria mais elevada como sacerdotisa, simplesmente porque sentia que tinha cumprido com meu dever e gasto meu tempo no banco escolar, por assim dizer. Mas, no mundo real, o futuro é escrito em areia, em vez de na pedra. A cada momento, nós fazemos escolhas que enviam um efeito cascata para os nossos destinos. Então, mesmo se você lançar algumas runas em uma leitura sobre o amor e todas elas acabarem sendo muito positivas para o casamento, você poderia escolher fazer um voto de celibato amanhã e se afastar totalmente desse destino.

Portanto, é importante definir expectativas claras para o que você quer das runas, e, para fazer isso, você vai precisar pensar primeiro no que fará com a informação. Por muitas vezes, um cliente veio até mim para perguntar sobre um ex-namorado ou ex-namorada, na esperança do retorno de um amor perdido. Mesmo se as runas apontarem todas ao fato de que o amor passado seguiu em frente e não voltará, o cliente ainda escolhe perseguir o(a) ex. Não julgo a escolha de manter a esperança viva, mas, para que perguntar se um amor vai ou não voltar, se a resposta não afetará suas ações? Antes de você tocar nas runas, tenha a certeza de que estará disposto a agir de acordo com o que elas recomendam.

Senão, isso significa que você precisa mudar sua pergunta antes de começar.

As runas são pictogramas, portanto, elas não revelarão a aparência de um cônjuge em potencial, a menos que você já tenha um talento em clarividência preexistente. É improvável que as runas digam um nome. Na minha extensa experiência, quando as runas em Futhark Antigo são pronunciadas em uma leitura, na grande maioria das vezes, elas formarão uma palavra sem sentido. Olhando em retrospecto, alguns clientes me contaram que a palavra sem sentido acabou virando um nome que foi abreviado e mesclado, assim como os antigos muitas vezes escreviam runas sem espaços e faziam atalhos, sempre que possível. Por isso você precisaria ter alguma habilidade significativa em solução de enigmas, e acho que a leitura do nome é uma expectativa exagerada para um iniciante. Lançar duas runas na esperança de ver iniciais é uma forma mais simples de adivinhar um nome, mas peço que você decida de maneira realista como usar a informação das iniciais da pessoa amada em potencial. Se você não for estudar toda a lista telefônica e ligar para todos(as) com aquelas iniciais, ou rejeitar quaisquer convites para encontro de pessoas sem essas iniciais, você provavelmente perderá seu tempo. Eu o encorajo a pensar em formas práticas de usar as respostas das suas runas, em vez de pedir para elas o deixarem em um beco sem saída.

Meus clientes sagazes fazem perguntas que os habilitam a encontrar ou manter o amor. Aqui estão algumas amostras de questões que me causam espanto e me fazem perceber que esses fãs de runas não estão brincando em serviço:

- Em que eu deveria pensar enquanto procuro por perfis em *sites* de relacionamentos para escolher alguém com quem entrar em contato?
- Como posso me curar do meu último relacionamento, a fim de me preparar para receber um novo amor na minha vida?

- Quero que meu casamento seja mais estável. O que posso fazer para aumentar a probabilidade de um resultado positivo para a situação turbulenta do meu relacionamento?
- Quais são as forças e as fraquezas da união potencial entre mim e meu pretendente como um casal?
- Como saber quando estarei pronto para pedir minha namorada em casamento?
- Eu devo me casar e ter uma família ou devo buscar estudo e uma carreira neste estágio da minha vida?
- Quais são as características da personalidade de uma boa união amorosa para mim?
- Como eu deveria reagir ao que meu namorado disse ontem à noite?
- A que eu deveria me atentar para garantir o melhor resultado no meu divórcio a todos os envolvidos, incluindo meus filhos?

Mapas

Lembre-se de que os mapas rúnicos são diagramas nos quais você lançará suas runas aleatoriamente. Para testar um novo mapa, gosto de desenhar um esboço dele em um grande pedaço de papel. Uma caixa de papelão achatada e uma caneta marcadora grossa podem ser os objetos para elaborar um mapa rúnico de grande prática. Ou, se estiverem secas o bastante, você pode simplesmente desenhar mapas simples na terra ou na areia. Se achar o mapa rúnico útil, então construa uma opção mais permanente de tecido e deixe-o dobrado em seu saquinho de runas, se quiser.

Mapa da Compatibilidade

Eu e meu marido somos pessoas bem compatíveis. Somos ambos apaixonados e empolgados com os nossos objetivos. Somos bem espontâneos. Nós dois adoramos aprender coisas novas, além de reunir as pessoas na nossa casa. Mas também temos muitas coisas incompatíveis. Nós certamente não somos compatíveis na política! Isso não significa que não sejamos um casal excelente. Na verdade, a incompatibilidade pode ser um grande professor na vida, encorajando a abnegação e a empatia. É preciso que ambos façam concessões no aprendizado a coabitar quando um casal tem algumas incompatibilidades. Não deixe a compatibilidade ser uma barreira intransponível para explorar um relacionamento. No entanto, leituras de compatibilidade podem auxiliá-lo a perceber suas forças e fraquezas como um casal ou um casal potencial. Ajuda saber o que você vai enfrentar se entrar em um relacionamento que será um pouco como uma batalha. Se quiser continuar, é importante parar e reavaliar sua relação em vários pontos da sua jornada, perguntando-se se a pessoa vale a pena.

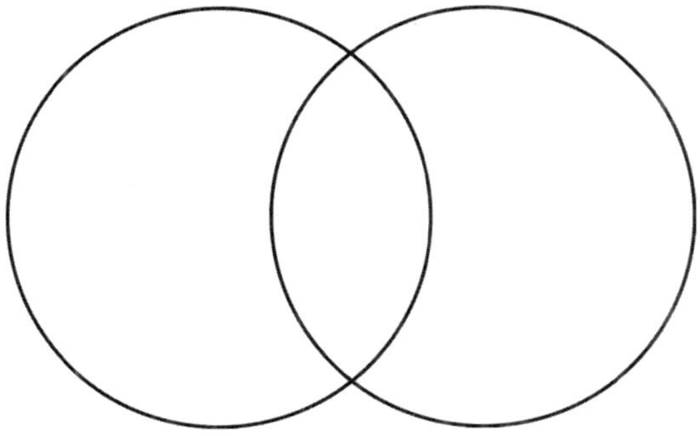

Mapa de Compatibilidade

Se precisar de um lembrete de como realizar uma leitura de mapa, volte ao capítulo 2 e releia a seção sobre os "Mapas Rúnicos". Basicamente, o mapa de compatibilidade é um grande diagrama de Venn, que lhe mostra quais características são compatíveis e quais são incompatíveis, com a seção sobreposta no meio que exibe suas forças como casal. É melhor ler as incompatibilidades como um conselho. Pense no significado da runa mostrada para cada pessoa e considere como esse traço poderoso pode ser transformado em uma bênção em seu relacionamento. Eu sempre fiz leituras de mapa de compatibilidade com a mulher do lado esquerdo e o homem no direito, no caso de relacionamentos heterossexuais. No caso de relacionamentos entre casais do mesmo sexo, deixo o cliente escolher, e guardamos essa designação nas nossas mentes. Às vezes, até acrescento círculos adicionais ao diagrama se a leitura for para famílias com filhos ou outros grupos maiores de pessoas em um relacionamento.

Essencialmente, esse diagrama permite que aquelas runas que, de outro modo, seriam preocupantes em uma leitura de compatibilidade, apareçam como forças neste contexto. Se estivermos fazendo uma leitura para uma cliente sem o mapa, *thurisaz*, por exemplo, não seria um bom sinal. Eu avisaria à cliente que seu namorado em potencial seria como um espinho ao seu lado, talvez sugerindo constantemente que ela não era boa o bastante. No entanto, se eu estivesse usando o mapa e *thurisaz* caísse no meio dos dois círculos, ela se tornaria a força de um casal. Talvez um defenderia e protegeria ferozmente o outro em meio a uma batalha contra o câncer, ou talvez o humor ácido e os gracejos estejam no centro desse relacionamento. Assim como muitas coisas na vida, os desafios podem se tornar bênçãos.

Teste com o Mapa das Águas: Como Descobrir os Pensamentos e Sentimentos do Outro

Alguns praticantes de adivinhação desaprovam a ideia de ler sobre o tópico de outra pessoa sem seu consentimento; as leituras para terceiros podem ser vistas como invasivas. Opto por realizar leituras para terceiros, porque acredito que seja natural tentar avaliar as motivações da outra pessoa com a minha intuição. As energias no universo são livres para serem lidas usando as runas, assim como o ar no nosso planeta é gratuito para respirar e compartilhar. É impossível controlar a intuição de uma pessoa, por motivos éticos, e não é necessário, visto que o leitor não mudará diretamente a energia da outra pessoa sem sua permissão. Esse mapa ajuda quando tentamos compreender como você afeta outra pessoa. Quando um cliente me pergunta: "Como meu namorado reagiu emocionalmente àquele *e-mail* que enviei?", recorro a esse mapa.

Mapa para Testar as Águas

A imagem do Mapa para Testar as Águas é um coração atravessado por uma flecha, um símbolo tradicional do amor. A flecha se estende sobre a área da superfície de leitura. As runas que caírem mais perto da ponta da flecha representam o futuro, enquanto aquelas que caírem em cima ou perto da extremidade de trás emplumada simbolizam o passado. As runas que caírem dentro do coração representam sentimentos emocionais – potencialmente de amor, dependendo da runa em contexto. As runas que caírem acima do coração tendem mais a sentimentos platônicos ou até espirituais. Aquelas que caírem abaixo do coração caracterizam necessidades básicas, que poderiam ser sexuais, financeiras ou outras materiais.

Se o cliente quiser perguntar como determinada pessoa pensa e o que sente a respeito de outra, pode-se colocar um símbolo ou objeto da outra pessoa em qualquer lugar do mapa. Uma vez, por exemplo, fiz uma leitura para duas irmãs em uma despedida de solteira. Uma delas perguntou sobre um homem por quem se sentia atraída, e as duas discutiam de forma bem-humorada sobre como ele, na verdade, preferiria a outra irmã. Eu me preparei para fazer a leitura para a mulher com a paixonite, mas pedi para incluir na leitura um objeto da irmã. Sua irmã me entregou seus óculos escuros, e os coloquei acima e longe do coração. Depois que deixei a primeira irmã lançar as runas, bem mais delas indicando intenções positivas e românticas caíram perto dos óculos escuros de sua irmã, provando o verdadeiro desejo do coração do pretendente para nós todas.

Tiragens

Se você precisa de um lembrete sobre como realizar uma leitura rúnica que envolva uma tiragem, volte a "Tiragens Rúnicas", no capítulo 2, para refrescar sua memória.

Tiragem para Escolher entre Dois Amores ou Amores Potenciais

Às vezes, a compatibilidade não é uma questão para um(a) cliente com uma variedade de pretendentes, mas escolhe, ou é obrigado(a) a escolher, pelas circunstâncias, apenas um. Pode-se fazer rapidamente uma tiragem de sete runas para descobrir qual amor combina mais com a pessoa. Pense nessa tiragem como uma exploração de dois diferentes destinos em potencial. Com sorte, um dos caminhos em potencial demonstrará um vencedor evidente. Assim como no mapa no estilo do diagrama de Venn, você terá de designar quem é quem na leitura. A posição de um pretendente ou outro na tiragem é uma decisão arbitrária, mas guarde suas escolhas na cabeça por um momento antes de posicionar suas runas.

3		6
2	7	5
1		4

Cada pretendente tem uma runa inferior, que representa o alicerce passado sobre o qual o futuro pode ser construído; uma runa central, que caracteriza a situação atual; e uma runa superior, que simboliza o futuro, se você trilhou o caminho de um relacionamento com essa pessoa. A runa no centro das duas colunas traz um conselho especial ou mais informação que você precisa ter antes de escolher um dos dois pretendentes. Em alguns casos, uma runa bem negativa aparecerá no centro, o que indica que nenhum deles é uma boa opção, e será melhor tentar encontrar uma pessoa totalmente diferente.

Nesta tiragem, a história da jornada por esses relacionamentos potenciais importa mais do que os aspectos gerais positivos ou negativos das runas. Imagine, por exemplo, que para um pretendente saiu *hagalaz*, seguida por *neid* e depois *jera*. O outro ostenta *wunjo*, seguida por *isa* e, então, *dagaz*. A runa adicional entre os dois é *raido*. À primeira vista, a presença de *hagalaz* poderia fazer o leitor rejeitar o primeiro pretendente, e a presença de *wunjo* poderia favorecer o segundo. No entanto, note como a jornada muda ao longo de cada relacionamento em potencial. Embora o primeiro pareça começar em um momento turbulento na vida, a necessidade de um apoiar o outro parece resultar em um final feliz para a jornada. O segundo relacionamento em potencial, todavia, começa feliz, mas então para com *isa*. Embora *dagaz* possa significar tanto inícios quanto términos, eu não seria otimista depois de *isa*. O acréscimo de *raido* parece destacar a importância do progresso em um relacionamento, de modo que o pretendente que promove mais progresso é o vencedor evidente aqui.

A Tiragem "Não Consigo Esquecer Meu(Minha) Ex!"

Tive de incluir uma boa tiragem sobre alguém obcecado por um(a) ex, pois lido com muitos clientes que ainda estão de coração partido por um(a) ex, mesmo depois de meses ou até anos. Conheço uma pessoa, muito amiga minha, que ainda luta com questões emocionais por alguém que simplesmente desapareceu no ar sem nem deixar um bilhete. Nem precisa ser um vidente para saber que, na grande maioria dos casos de uma pessoa que sofre por um ex, existe pouquíssima chance de volta. A vida deve continuar, de uma forma ou de outra, e as runas podem ajudar a confirmar se a pessoa deveria manter alguma pequena esperança para reavivar o romance, ou se jogar de todo o coração no processo doloroso de abordar os arrependimentos emocionais.

3 4

2

1

A Tiragem "Não Consigo Esquecer Meu(Minha) Ex!" tem o formato de um Y. A runa inferior indica o porquê de você estar tendo dificuldades em seguir em frente, depois do relacionamento. Uma runa positiva pode indicar uma chance adequada de ter pelo menos um amor platônico pelo(a) ex neste momento, ao passo que uma runa negativa pode mostrar uma questão emocional pessoal que requer cura. No cruzamento do Y fica uma runa que lhe mostra a situação atual com seu(sua) ex. O braço esquerdo do Y mostra qual seria um resultado necessário na sua vida, se você resolveu perseguir o(a) ex. Incluo essa opção, porque muitos clientes me procuram já decididos a amar eternamente o(a) ex, independentemente se esse amor permanecer não correspondido. Dependendo da runa que for colocada aqui, a mensagem pode ser reduzir a comunicação, estabelecer uma amizade platônica, fazer um arranjo de amizade colorida ou até facilitar um encontro romântico verdadeiro. O braço direito do Y mostra o resultado potencial de superar o(a) ex.

A tiragem pode confirmar que superar é possível, embora possa parecer difícil neste momento. Até mesmo uma runa desafiadora pode mostrar os passos necessários para alcançar a liberdade de memórias e esperanças por um amor perdido. Se algo como *ken* aparecer, pode ser que você consiga reacender uma paixão, e *ingwaz* pode indicar o potencial para um arranjo de amizade colorida. A presença da runa *isa* pode ser ruim, porque você sabe que as coisas não podem ir adiante com esse(a) ex, mas não necessariamente significa que as coisas não podem ir em frente por si mesmo. Analise as runas vizinhas em busca de orientação, quando as coisas não saírem como você esperava. *Dagaz* pode mostrar a abertura de uma nova porta, assim que você puser um fim nesse relacionamento, o que significa que poderá encontrar alguém novo.

Significados das Runas no Contexto

Depois de memorizar os significados das runas de que precisa e se familiarizar com o modo com o qual elas se desenvolverão na sua vida, você pode aplicá-las em questões do coração para um aconselhamento mais específico. O processo de aprender novas reviravoltas e perspectivas sobre as runas pode demorar. Eu gostaria de dar alguns exemplos da frequência na qual vejo os significados das runas se deslocarem e mudarem, quando são aplicados a leituras a respeito de amor. Esses são apenas exemplos da minha própria experiência, de modo que os seus podem evoluir de outra maneira — e está tudo bem. Agora é hora de pegar seu diário rúnico e, enquanto faz uma leitura para sua própria vida amorosa, registrar os significados específicos para o amor, à medida que eles se tornarem aparentes para você.

Fehu: significa um relacionamento que precisará de tempo e cuidado para se desenvolver, mas poderia se tornar um recurso confiável. Existe algo de um valor profundo aqui. Sacrifícios podem ser necessários, mas valem bem a pena. Um relacionamento bem-sucedido é construído com esforço das duas partes. Existe potencial para ter filhos.

Uruz: uma paixão tremenda está em ação aqui, mas não há plano nem direção. O progresso pode parecer vir em breves pancadas, mas sem um pensamento sério a respeito de como o futuro possa parecer no relacionamento, de modo que, como resultado, pode ser impossível levar as coisas ao próximo nível. Não se pode forçar outra pessoa a sentir de determinada forma.

Thurisaz: uma pessoa é irritante ou negativa. Pode haver uma influência externa que azeda um relacionamento, como um(a) ex intrometido(a), ou uma nova pessoa galanteadora que atrai energia e atenção. As palavras ásperas não podem ser esquecidas, e podem causar o término do relacionamento por causa do rancor. Existe um racha entre as pessoas no relacionamento, por isso essa runa pode indicar o caminho para um rompimento.

Ansuz: ouça com atenção os conselhos sobre esse relacionamento de amigos ou família, porque o conselho é bom. Pode ser difícil de ouvir, se as demais pessoas não aprovarem o objeto do seu afeto, mas, às vezes, os outros o conhecem melhor ou podem fornecer uma perspectiva externa apropriada. Quando essa runa aparecer, a comunicação é necessária, então a veja como um encorajamento para pôr as cartas na mesa. Compartilhe seus verdadeiros sentimentos.

Raido: o amor pode ser encontrado durante uma viagem. Pode haver a indicação de um relacionamento à longa distância. Um avanço é sempre sugerido, o que significa que, se você não puder progredir agora, está na hora de passar para outro amor. Os ciclos negativos podem continuar a se repetir, provocando ressentimento ou medo. Eu, às vezes, vejo essa runa aparecer quando, em um relacionamento, uma pessoa está feliz com o modo como as coisas são, enquanto a outra quer que as coisas progridam.

Ken: é a chegada de uma nova paixão. Um novo início deve ocorrer. Esta runa é um bom sinal, se você não estiver em um relacionamento, mas estiver em busca de um. No entanto, esta runa pode ser um mau sinal se estiver atualmente em uma relação. Significa que suas paixões estão deixando uma ferida infectar o relacionamento. Se você não se esforçar para reiniciar sua relação atual, um de vocês ou os dois sabotarão o futuro do relacionamento para forçá-lo.

Gebo: uma proposta é iminente! A generosidade é o alicerce sobre o qual um relacionamento pode ser construído. Pode ser necessário sair da sua zona de conforto e doar-se até doer para fortalecer seu relacionamento. Podem-se formar um novo relacionamento ou novos arranjos em um relacionamento atual. Vocês podem vir a morar juntos, se já não morarem.

Wunjo: deve-se encontrar o prazer neste relacionamento. Ele ou ela definitivamente corresponde ao seu afeto. Quaisquer riscos assumidos serão bem recompensados quando essa runa aparecer. Se ainda tiver de revelar à pessoa que a ama, ou investir nela por aquele primeiro beijo, está na hora de ir em frente. Se houver algum tipo de briga acontecendo, você será o vencedor.

Hagalaz: um rompimento ou abalo é iminente. Pode ser que o relacionamento, como ele está, não sobreviva. Você deve demolir o atual relacionamento para seguir em frente. A única forma para essa runa aparecer com o casal permanecendo junto é fazer uma mudança drástica, que envolveria dar um tempo e reconstruir uma nova versão do relacionamento do zero.

Neid: há química sexual aqui. Em uma leitura de relacionamento, uma pessoa pode estar dependendo demais da outra, deixando uma sensação de sufocamento. O relacionamento pode ser codependente de alguma forma. Fique alerta com a pessoa que lhe parece ser atraente, mas pode estar usando você por ganho material ou *status* social.

Isa: nenhum progresso é possível. Se estiver apaixonado por alguém, a resposta é um não. Talvez ele já tenha uma namorada, ou talvez ela nem esteja interessada em alguém do seu gênero. Se essa leitura for feita a respeito de um ex, significa que o relacionamento definitivamente terminou. Se essa runa sair em uma relação atual, o *status quo* será mantido. Se estiver esperando levar esse relacionamento ao próximo nível, será impossível.

Jera: existe um potencial em longo prazo aqui. Quando a leitura é feita a respeito de uma relação em desenvolvimento, saiba que, em princípio, o progresso parecerá muito lento, mas as coisas continuarão a rolar e durarão por um longo tempo. Quando feita a respeito de um relacionamento atual, *jera* pode indicar uma nova e linda evolução. Os enamorados podem estar indo morar juntos pela primeira vez ou se aposentando e mudando para uma nova casa juntos. Um casal pode começar um *hobby* ou negócio que trarão alegria e mudança positiva, bem como, possivelmente, dinheiro.

Eihwaz: um ultimato está próximo. Esta runa permite dar um ultimato a um parceiro, como pedi-lo em casamento ou terminar. Esse ultimato provavelmente será recompensado, pois a runa sugere que o relacionamento pode suportar julgamentos. Se esta runa sair em um relacionamento em potencial, encoraja riscos calculados. Pode convidar a pessoa para sair, pois ela provavelmente topará.

Pertho: há um sinal de que acontece um comportamento sexual de risco. Use proteção, se estiver engatando um relacionamento sexual com alguém. Porém, esta runa nem sempre traz más notícias. Se você for um tipo galanteador e quiser tentar dar em cima de alguém, esta é a hora. Viva o momento e deixe rolar.

Algiz: uma amizade está na base do relacionamento. A boa notícia é que o relacionamento em potencial aqui é estável e duradouro. A má notícia é que esta é uma runa indiferente, calma e platônica, em vez de uma apaixonada. Se sortear esta runa ao avaliar o interesse de um pretendente em você, ela pode mostrar que a pessoa só gosta de você como amiga(o).

Sowilo: alegria e sucesso estão vindo em seu caminho no amor. As emoções estão intensas em um casamento ou encontro especial. As comunicações podem eclodir e trazer à luz coisas que antes estavam ocultas. Quando esta runa aparece, é um símbolo de "vá em frente" para seu planejamento. Diga à pessoa que a ama. Peça-a em casamento. Fique atento, pois uma luz brilhante entrará na sua vida, se ainda não estiver em um relacionamento.

Tiwaz: isso pode representar um homem que está entrando na vida amorosa de alguém. Quando esta runa aparece, significa que é necessária uma ação decisiva. Você terá de tomar a dianteira e dar o primeiro passo, caso contrário, nada acontecerá. Em uma leitura a respeito de um relacionamento, indica uma necessidade de equidade. Nem sempre se pode ter apenas uma pessoa comprometida ou colocando todo o esforço no relacionamento. Se você não conseguir progredir por sua própria força de vontade, tome seu rumo e fique algum tempo solteiro.

Berkanan: gravidez e filhos podem estar no seu futuro. Esta runa também pode representar uma mulher, quando aparece em uma leitura. Portanto, esta runa pode trazer notícias auspiciosas para alguém que espera ter filhos, ou para alguém que procura por uma mulher para amar.

Ehwaz: a boa notícia é que esta runa representa lealdade. No entanto, ela é uma runa bem indiferente e platônica, em vez de apaixonada. Então, se ela sair para um amor em potencial, pode significar que ele ou ela pensa em você como membro da família, não havendo necessariamente um interesse amoroso. Em uma leitura sobre relacionamento, esta runa pode ser um componente positivo de uma relação saudável.

Mannaz: há indicação de que duas pessoas estão na mesma frequência. Elas se comunicam bem para agir como uma dupla. Se houver um problema amoroso, analisá-lo de outra perspectiva e resolvê-lo intelectualmente podem ajudar. Às vezes, esta runa pode indicar que outras pessoas de fora do relacionamento podem afetá-lo, positiva ou negativamente, dependendo das runas ao redor.

Laguz: por ser uma runa do amor, é um sinal muito auspicioso em uma leitura amorosa. Representa sentimentos profundos de amor romântico, dignos de um relacionamento forte. O conselho desta runa é ir para dentro de si para avaliar seus verdadeiros sentimentos, bem como aprender como expressá-los aos outros para melhorar seu relacionamento ou atrair amor para si.

Ingwaz: esta é uma runa sexual. Sexo está no seu caminho. Haverá uma primeira vez, seja um primeiro beijo, seja um novo tipo de relacionamento que nunca existiu antes. Prepare-se para uma mudança excitante no *status quo*. Tome cuidado ao se deixar levar, porque, quando você cruzar essa ponte, não há como voltar.

Othila: nas leituras sobre amor, esta runa representa seu espaço doméstico. Se você morar com o objeto do seu afeto, o conselho é se concentrar em tornar sua vida doméstica mais tranquila. Se ainda não estiver em um relacionamento, esta runa sugere que uma boa faxina em casa pode atrair amor para você ao torná-la um lugar acolhedor. Preste atenção nos seus sonhos, especialmente se eles tiverem conselhos de seus antepassados acerca da sua vida amorosa.

Dagaz: cada início deve ter seu fim. Esta runa indica que um desequilíbrio não pode durar por muito tempo, e a resolução é iminente. Um rompimento mútuo pode ser o resultado. Para alguém que não está em um relacionamento, esta runa sugere que você deve deixar para trás a bagagem de um relacionamento do passado para começar um novo.

A Runa Branca: não há nada que você possa fazer pessoalmente para melhorar seu relacionamento ou piorar sua vida amorosa. É hora de reservar um momento para si, seja para aprender a amar a vida sozinho, seja apenas para dar um tempo de uma pessoa importante e ir para um retiro pessoal.

Dinheiro

Sim, usei as runas para responder às minhas próprias perguntas sobre dinheiro, mas isso não significa que desperdicei todo o meu dinheiro apostando que as runas tenham as respostas certas o tempo todo. Em vez disso, as runas costumam me apresentar algumas coisas para pensar quando faço minhas escolhas. Gosto de acreditar que, em geral, faço boas escolhas a respeito de dinheiro. Lembro-me de uma pergunta que fiz recentemente para as runas, quando eu tentava decidir como reservar melhor algumas economias.

No ano passado, fiquei um pouco aflita sobre se deveria fazer a contribuição máxima anual para meu fundo de previdência. Eu e meu marido não estamos nem perto da idade de nos aposentarmos, e o ano passado foi um período difícil para nossas despesas médicas. Quero contribuir com minha quantia normal de economias no meu pé-de-meia para a aposentadoria, mas também me preocupo porque, se outro problema de saúde aparecer, talvez eu precise desse dinheiro aplicado no nosso orçamento para a saúde. Enquanto eu lançava as runas, tinha todos os tipos de cenários rodopiando na minha cabeça sobre infortúnios que exigiriam uma grande quantia de ativos líquidos.

Teria sido legal se as runas me dissessem: "Ei, não tem nenhuma conta médica chegando ano que vem. Fique à vontade para gastar ou investir esse dinheiro como achar melhor". Infelizmente, as runas não me ofereceram tais garantias. O que *eihwaz* me aconselhou foi analisar o cenário da minha vida em longo prazo, e me fechar a tudo o que tirasse minha atenção da estrada à minha frente. Sob as circunstâncias atuais, resolvi que significava que eu deveria investir meu dinheiro na minha aposentadoria. Afinal, não existem circunstâncias perfeitas que possam me fazer dizer que eu não precise de uma grande parte do meu dinheiro. Nunca é divertido guardar dinheiro onde ele não possa ser acessado imediatamente. Em vez disso, eu tinha de ter a disciplina de economizar o dinheiro, mesmo quando o futuro é desconhecido. É bem possível que eu tivesse aplicado minha interpretação de outra forma, se tivesse feito essa leitura rúnica em um estágio anterior da minha vida. Olhar em longo prazo poderia ter significado quitar empréstimos estudantis quando eu os tinha. Se eu tivesse a mesma leitura 30 anos no futuro, poderia significar deixar dinheiro para meus netos. A interpretação das runas é mais sobre avaliar suas crenças e escolhas do que sobre receber respostas rápidas.

O segundo tópico mais popular entre os clientes do meu negócio de previsão do futuro é dinheiro. Muitas vezes, eles nem se importam de onde o dinheiro vem, desde que entre em grande quantidade e cuide do que for necessário. Não importa se o dinheiro vier de ganhar na loteria ou de anos de trabalho duro, se vier em quantidade o suficiente para resolver os problemas. Na verdade, uma perspectiva compreensiva sobre o dinheiro é uma coisa boa para a adivinhação. Significa que você não está limitando sua leitura ao único caminho que vê diante de si, então está deixando as runas o guiarem de uma forma que poderia ser inesperada. O verdadeiro poder das runas não está em lhe dizer o que quer ouvir, mas em sua habilidade de lhe dar o conselho que você precisa ouvir.

Expectativas

Se eu ganhasse uma moeda cada vez que um cliente me pedisse para prever os números da loteria ou, então, dar instruções específicas sobre como ganhar muito dinheiro rápido, eu estaria bem na direção de adquirir uma bela soma de dinheiro. As runas são uma ferramenta espiritual, não substituem um planejador financeiro qualificado. Se você realmente tiver uma grande necessidade de dinheiro para se sustentar com alimento, abrigo ou cuidados médicos, é importante buscar primeiro outros recursos, além das runas. Depois de estabilizar sua vida, você pode se concentrar nas suas buscas espirituais com mais devoção.

Dito isso, há diversas questões na vida em uma leitura acerca do dinheiro que são perfeitamente aceitáveis em uma consulta às runas. Nós fazemos muitas escolhas diariamente nas nossas vidas profissionais, nos nossos gastos ou em outras transações. Quando escolhemos entre duas oportunidades profissionais igualmente excelentes, ou tentamos descobrir se é a hora certa de nos aposentarmos ou comprar uma casa, as runas podem dar algo em que pensar. Apresentarei alguns exemplos de mapas e tiragens rúnicas, mas primeiro mostrarei como formular uma boa pergunta a respeito de dinheiro para as runas. Se estiver pensando no dinheiro em relação a trabalho e carreira, essas questões virão na próxima seção, "Carreira Profissional e Estudo".

- No que eu deveria pensar para trazer mais segurança financeira e material para a minha vida?
- Como conseguirei pagar a matrícula da faculdade do meu filho?
- Estou prestes a receber um enorme ganho inesperado?
- No que eu deveria pensar para lidar financeiramente com meu divórcio, a separação da família e a criação dos meus filhos sozinha?
- Eu deveria economizar o dinheiro para meu aniversário ou doar para a obra de caridade pela qual estou fascinado agora?
- É um bom momento para vender a minha casa?
- Eu deveria confiar e fazer um empréstimo ao meu amigo?

Mapas

O Mapa para Precificar Compra e Venda

Este mapa é feito para ajudá-lo a descobrir o que precisa saber quando oferece um preço para compra ou quando designa um preço para uma venda. Por se parecer um pouco como uma árvore, você pode imaginá-lo como uma árvore do dinheiro. As runas devem ser lançadas na árvore para descobrir onde elas caem. Se já tem uma variação de preço específica em mente, limite o mapa às quantias que puder controlar. O ponto não é mandar as runas lhe revelarem o que fazer, mas permitir alguma inspiração espiritual em um processo normalmente mundano e estressante. Lembre-se de que as runas têm significados numerológicos correspondentes ao número delas no alfabeto, de modo que esses números podem oferecer ideias adicionais.

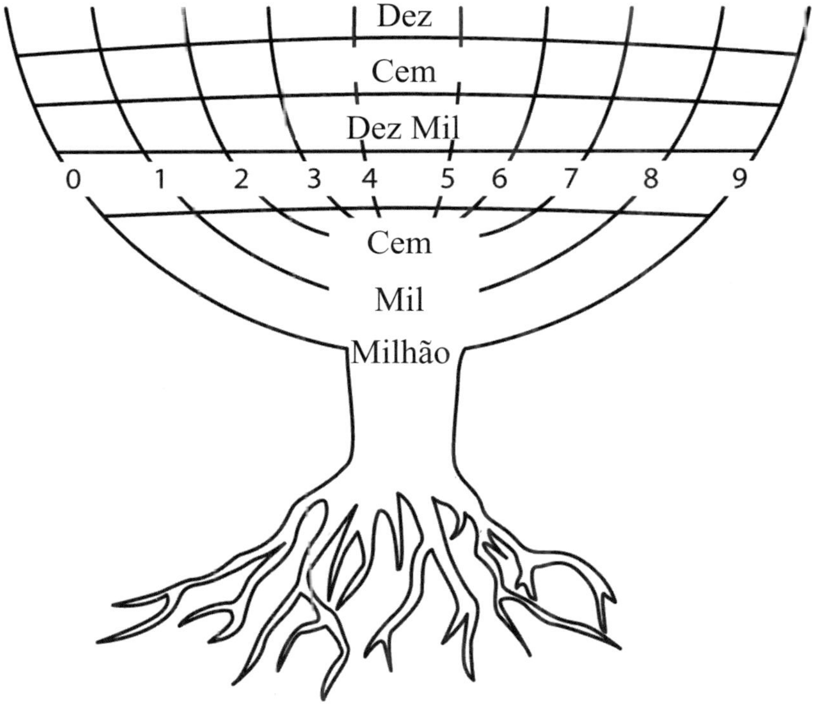

Mapa para Precificar Compra e Venda

Mapa do Quadro de Visualização

Um quadro de visualização é uma coletânea de imagens do que você quer na vida. A ideia por trás desse quadro é que, quanto mais você pensa sobre as coisas que quiser que aconteçam e as visualizar, mais provavelmente elas se manifestarão, por meio de uma lei mágica chamada lei da atração. O mapa do quadro descrito aqui é apenas um exemplo de algumas coisas materiais que as pessoas poderiam querer. Seu próprio quadro de visão será altamente individualizado. Se quiser dinheiro para comprar um *kit* de maquiagem e iniciar seu próprio salão de beleza, então você poderia desenhar o *kit* e seu salão dos sonhos. Se quiser comprar um cavalo de corrida vencedor, desenhe o cavalo sendo celebrado depois de uma grande vitória.

Exemplo do Quadro de Visualização

Ao jogar as runas sobre o quadro, você conseguirá ver o conselho que as runas individuais oferecem sobre como atingir cada objetivo. Se as runas não declaradas caírem em uma imagem, ou se nenhuma runa cair na imagem, isso significa que você deveria focar outros objetivos, além de receber uma resposta das runas. Note que pode haver algumas runas negativas que lhe revelarão onde está o problema e lhe darão pistas sobre como resolvê-lo.

Tiragens

Tiragem da Economia, Gasto ou Doação

1 2 3

Usei uma tiragem simples com três runas para perguntas sobre como equilibrar meu orçamento. Utilizei também os três conceitos como um mapa de imagem, desenhando um sinal vermelho que representa economia, uma flecha verde que simboliza gasto e uma carinha feliz, que significa doar para a caridade ou algum necessitado. Jogar as runas aleatoriamente na direção dessas imagens pode ajudar, se estou me sentindo perdida a respeito de como equilibrar minhas atividades financeiras. No entanto, uma tiragem é um conselho mais útil para o dia a dia, pois gosto de ficar economizando, gastando e doando a todos na minha vida. Apenas posicione uma runa em uma fileira para cada uma das opções. Preste atenção ao conselho que as runas têm a dizer sobre como você está equilibrando seu orçamento.

Imagine, por exemplo, que você tirou *isa*, *algiz* e *berkanan*. Tirar essas três runas me mostra que meu plano de economias basicamente parou. Mesmo se eu estiver depositando uma quantia todos os meses na minha poupança, parece que minhas economias não acompanham a realidade do momento e das necessidades ao meu redor. Eu consideraria que a presença de *isa* me revela que, se eu não fizer nada, nada acontecerá. Isso me encorajaria a manter um plano de economias estável e não fazer nada inconsequente com isso agora. Para os meus gastos, *algiz* sugere uma abordagem conservadora, a fim de proteger meus investimentos atuais, sem gastar mais, exceto em coisas que servirão diretamente à minha família e aos meus amigos. No caso de doações, nós vemos *berkanan*, que sugere um meio de doação por meio da nutrição. Talvez isso signifique doar a um banco de alimentos, ou doar de uma forma que se veja mais crescimento, por exemplo, ensinar alunos do ensino fundamental a tricotar gorros para os moradores de rua e comprar lã para a escola. Essa leitura reflete, em geral, um cuidado na hora de economizar e gastar, em oposição a ver uma runa como *pertho*, que encoraja mais risco.

Tiragem da Espada para Solucionar Problemas

6

2 1 3 4

5

Quando aparece um problema financeiro específico, o estresse pode ser avassalador. Talvez você precise comprar um carro, mas não vê como arcar com as despesas. Existem muitas opções por aí, e ter opções demais pode ser um transtorno para escolher. Você pode conseguir um emprego com um salário melhor e comprar um carro; pode encontrar um carro mais barato ou ganhar um carro velho de um amigo; pode, ainda, encontrar um local melhor para morar, que elimine a necessidade de um carro. Deve haver soluções nas quais ainda não tinha pensado até as runas inspirarem sua intuição.

A runa central no punho da espada é lida primeiro como a situação. A runa à esquerda desta é lida em seguida como o passado que levou a essa situação e, potencialmente, um erro a ser evitado no futuro. As runas à direita representam o futuro, se você continuar no curso presente, e o provável resultado. A runa abaixo dessa linha representa alguma ajuda ou apoio oculto. A runa acima da linha simboliza uma solução potencial ao problema. Você pode fazer essa tiragem repetidas vezes para ver várias soluções, se necessário. Normalmente, eu não recomendaria fazer uma mesma leitura rúnica sobre o mesmo tópico inúmeras vezes; isso seria dar murro em ponta de faca, e quero que você use o conselho que receber das runas na primeira vez. Uma tiragem para solucionar um problema como está é uma exceção à regra de não fazer leituras repetidas, porque as runas podem ajudá-lo a ganhar perspectiva sobre as várias formas de resolver o problema.

As posições nessa espada o ensinam a pensar em como as runas negativas podem ser positivas, e vice-versa. Se uma runa "ruim", como *hagalaz*, por exemplo, cair na posição daquilo que o auxiliará ou oferecerá um apoio oculto, pode significar que a adversidade ajuda a mudar sua perspectiva. Você pode ser mais feliz tendo dinheiro o suficiente para sobreviver, se não prosperar, se tiver conseguido resistir a uma grande tempestade financeira, como a falência ou um divórcio. Se uma runa "boa", como *wunjo*, for representada como o problema, pode ajudar a revelar algo que você possa ter ignorado intencionalmente. A presença de *wunjo* pode significar, por exemplo, que, como suas idas para a balada com as amigas nas noites de sexta-feira estão se transformando em uma despesa extra de centenas de dólares que você não poderia gastar em momentos de diversão, você deveria escolher uma opção mais barata.

Significados das Runas no Contexto

Fehu: este é um sinal muito auspicioso em uma leitura rúnica sobre finanças. Haverá tentativas bem-sucedidas de trabalhar duro e ganhar dinheiro o suficiente para prosperar e compartilhar. No entanto, as coisas demoram. Trabalhe na construção de um alicerce estável, e você logo conseguirá comprar coisas maiores e melhores.

Uruz: você vai precisar aguentar firme ao passar por um período de dificuldades financeiras. Embora possa parecer que reparos inesperados no carro ou contas médicas continuem a aparecer do nada, esses obstáculos poderão ser superados com seu esforço. Seja assertivo. Se não estiver conseguindo as respostas que precisa quando recebe uma ligação sobre uma conta ou um cheque, continue firme e seja persistente.

Thurisaz: vários probleminhas financeiros podem se acumular e se transformar em um grande. Talvez o pneu do seu carro fure e o force a fazer uma pausa no trabalho remunerado para arrumá-lo. Talvez um hábito simples, como comprar um café especial todas as manhãs, ou fumar cigarros, esteja fazendo um buraco nos seus recursos financeiros. A única forma de derrubar esse gigante é ficar de olho nas suas prioridades e no cenário em longo prazo.

Ansuz: você está prestes a receber boas notícias financeiras, talvez a respeito de uma herança, ou um empréstimo entrando, ou sobre uma dívida sendo perdoada. *Ansuz* também pode representar um conselho sábio; talvez você deveria ouvir o que seus pais têm a dizer sobre comprar uma casa, pagar suas dívidas, evitar cartões de crédito ou iniciar um plano de previdência.

Raido: uma viagem pode levar a dinheiro. Um custo de vida mais barato pode ser encontrado com a mudança para um novo local. Pode haver uma viagem de negócios em seu futuro. Siga em frente. Se um grande revés acontecer, como ser denunciado a uma agência de cobrança de dívidas, não fique preso chafurdando em autopiedade ou combatendo as autoridades. Mantenha a cabeça erguida e continue a trabalhar.

Ken: suas paixões podem levar ao lucro. Talvez você sempre quisesse vender artesanato na internet, tocar música por dinheiro ou voltar a estudar para fazer o que realmente quer na vida. Se não atender ao chamado, suas necessidades levarão a um desempenho sem brilho e ganhos em outro lugar na vida.

Lembre-se de que a pequena renda vinda de um *hobby* não faz mal.

Gebo: a generosidade dos outros pode levar ao seu benefício financeiro. Um empréstimo entre pessoas pode ser perdoado, uma grande quantia ser doada ou pode haver doações em espécie de alimento e abrigo, quando você passar por necessidades. Esta runa também pode pedir para que você se doe até cansar. Um amigo íntimo ou membro da sua comunidade pode estar precisando de dinheiro ou recursos, ou você pode precisar renovar esforços para coletar donativos para sua obra de caridade favorita.

Wunjo: esta runa sempre traz boas notícias, e representa a alegria transcendente. Um problema financeiro logo será resolvido, possivelmente por uma entrada inesperada de dinheiro. Pode ser também que você apenas libere o estresse das preocupações com o dinheiro e encontre alegria nas riquezas menos tangíveis que possui. De qualquer forma, saiba que uma sensação de alívio está próxima.

Hagalaz: um desastre inesperado pode causar um problema enorme no seu orçamento doméstico. Você deve ter economias no banco suficientes para se sustentar por alguns meses. Considere adquirir um seguro para se proteger contra períodos nos quais você possa estar incapacitado para trabalhar. Você deve planejar uma eventual aposentadoria, bem como suas necessidades futuras de vida e cuidados com a saúde depois disso.

Neid: suas necessidades básicas devem ser atendidas antes de conquistar qualquer outra coisa. Não fuja para atrasar os inevitáveis deveres que precisam ser cumpridos para você se sustentar. Perder tempo esperando por um milagre, em vez de se afundar no trabalho, pode ser um problema. Defina suas prioridades e canalize seus fundos para suas verdadeiras necessidades.

Isa: algo foi bloqueado. Se estiver esperando por um cheque que vem pelo correio, ele pode ter se extraviado. O subterfúgio que você vem tentando usar para economizar muito dinheiro agora está encerrado. Suas férias podem precisar ser canceladas por causa da falta de fundos. Se estiver trabalhando em dois empregos apenas para se virar, a situação está rapidamente se tornando insustentável.

Jera: este é um bom sinal para um aumento gradativo na renda. Uma nova oportunidade profissional ou uma situação econômica de dividir a moradia com amigos ou familiares podem se abrir para você, mas a mudança ou a troca valerá a pena. Agora é um bom momento para investir em educação. Aprendendo mais a respeito de coisas, como ações, títulos e fundos mútuos, você poderá administrá-los com sucesso para obtenção de lucro.

Eihwaz: sua situação financeira como existe agora pode continuar dessa maneira por um bom tempo, então, espero que você esteja em uma situação agradável. Se estiver passando por um momento difícil, não relaxe ainda. Se estiver indo muito bem sozinho, poderá ficar descansado, pois é improvável que você seja demitido de repente ou tenha algum evento imprevisto caríssimo tão cedo e, portanto, é um bom instante para depositar mais dinheiro em uma poupança para um dia de privações.

Pertho: um risco precisa ser assumido, mas ele é necessário. Vai compensar fazer investimentos potencialmente arriscados. Se você tiver orçamento para o entretenimento, pode até comprar um bilhete de loteria. Acredite que, se você investir seu tempo no esforço para novas formas de ganhar dinheiro, há um alto potencial de dar certo. O uso criativo das finanças pode levar à satisfação.

Algiz: esta é uma runa de economia, e pede para que você invista em coisas que o protegem. Faça uma verificação minuciosa para ter a certeza de que sua casa, seus veículos e negócio tenham o seguro certo. Sua lealdade valerá a pena. Agora não é hora de trocar de emprego ou banco. Procure negócios que o recompensam por sua lealdade, e você pode encontrar muito dinheiro economizado inesperado.

Sowilo: o sucesso pode ser obtido com seu empenho financeiro. Este é um bom sinal, se você estiver perguntando se deve começar um negócio, ou um novo emprego, ou comprar uma casa ou um carro. Mesmo se estiver passado por um momento turbulento, este é um sinal tranquilizador de que todo o seu estresse compensará agora. Você terá sucesso no final. Deve equilibrar seus investimentos ou seu orçamento, pois esta runa pode, às vezes, fornecer uma energia hiperfocada.

Tiwaz: se você foi tentado a obter dinheiro de formas que não sejam nada éticas ou legais, repense. É hora de ir pela rota tradicional, sempre que possível. Se estiver esperando para começar um negócio inovador, agora não é a hora certa. Depois, na vida, pode ser o momento de ir atrás de possibilidades excêntricas, mas, por ora, mantenha seus olhos olhando para a frente.

Berkanan: um novo projeto pode levar a riquezas abundantes. Se quiser ter sucesso, precisará tomar muito cuidado com suas economias. Escolha investimentos seguros e estáveis dessa vez e, como alternativa, pense no crescimento lento dos seus bens. Note se algo na sua vida foi reprimido ou cortado por falta de fundos e, então, faça um orçamento para as coisas importantes da vida.

Ehwaz: há um sinal aqui de que você não pode fazer nada sozinho. Precisa ser adaptável e recorrer àqueles que podem ajudá-lo.

Aceitar ajuda quando ela lhe for oferecida não é o mesmo que ser um aproveitador, então, livre-se da sua culpa. Você faz parte de uma comunidade, e isso significa que o compartilhamento precisa acontecer. Considere acolher um colega de quarto ou aceitar a oferta de um membro da família de lhe oferecer um empréstimo ou um emprego.

Mannaz: seus problemas financeiros estão todos na sua cabeça. Veja sua situação financeira da perspectiva de um observador externo para reduzir sua ansiedade. Em virtude da necessidade de investimentos inteligentes, tente conversar com um planejador financeiro ou fazer uma aula sobre gestão financeira. Você precisará usar estratégia e fazer um plano para atingir seus objetivos, porque apenas a força de vontade não adiantará dessa vez.

Laguz: como o dinheiro é uma questão emotiva para você agora, tome cuidado para não começar a brigar com sua cara metade ou um membro da família sobre estabilidade financeira e pequenas compras. Pode ser que você esteja sendo dominado por suas emoções. Guarde seu cartão de crédito e adie por um tempo quaisquer grandes compras, até você conseguir avaliar suas verdadeiras razões para comprar.

Ingwaz: agora é um bom momento para assinar qualquer acordo financeiro. Assine aquele aluguel ou converse com o advogado sobre proteger suas finanças de quaisquer batalhas iminentes. Você logo encontrará alguma estabilidade relativa nas suas finanças. Pode haver a formação de uma parceria muito boa. Este é um bom sinal para casais que acabaram de começar a dividir as contas, os pagamentos do aluguel, ou outros ativos e passivos.

Othila: um imóvel é um recurso importante para você agora. Se ainda não tiver sua primeira casa própria, agora é o momento de pensar em comprar um lugar ou examinar qualquer propriedade que você poderá herdar um dia. Se tiver uma casa, concentre seus esforços investindo nela. Conserte tudo o que não é consertado há algum tempo. Faça grandes trocas ou reparos em sua residência.

Dagaz: você precisa cortar algo ou alguém que está esgotando sua conta bancária. Talvez tenha uma assinatura de um serviço do qual não precisa mais. Talvez aquela aula ou *hobby* não sirvam mais para você, e é hora de vender todo o equipamento e acabar com isso. Se tiver um familiar que já tenha idade o suficiente e seja capaz de trabalhar sozinho(a), é hora de dar uma bronca nele(a).

A Runa Branca: o dinheiro para um projeto na sua vida está acabando. Reduza suas perdas e siga em frente, porque você não sabe o bastante sobre a situação para assumir um risco calculado. Pare de tentar ver o futuro do seu dinheiro por ora. É o momento de delegar a gestão do seu dinheiro a um profissional ou a uma pessoa mais entendida no assunto.

Carreira Profissional e Estudo

Não tem nem um mês que fiz uma leitura rúnica a respeito da carreira profissional para uma cliente, que já tinha feito uma leitura sobre amor comigo, e ficou bem feliz com os resultados. Ela estava mais do que disposta a tentar as runas de novo e preparada para confiar nas respostas que elas davam sobre seu caminho profissional. Eu não via essa cliente há um bom tempo, e, da última vez em que a vi, ela estudava em uma faculdade para se formar em Administração. Eu a parabenizei quando ela me disse que tinha se formado, mas acabou me confessando que decidiu que a carreira em Administração não era para ela.

No último ano e meio, ela tentou trabalhar para várias grandes empresas e ficou com uma má impressão da administração de empresas em geral. O assunto que achava tão interessante na escola agora parecia chato e superficial. Ela largou seus empregos em administração e conseguiu um trabalho de meio período em uma academia, ensinando ioga para idosos para cobrir suas despesas. Disse-me que ensinar ioga era legal, mas não estava realmente apaixonada por isso ou fazendo dinheiro o suficiente.

Ela tinha várias ideias sobre o que fazer com sua carreira no futuro. A primeira opção era abrir seu próprio negócio de ioga, comprar um estúdio e treinar os funcionários. A segunda alternativa era voltar para a faculdade para se tornar fisioterapeuta, pois ela teve várias conversas na academia que a levaram a acreditar que os fisioterapeutas ganhavam muito dinheiro, e ela realmente gostava de trabalhar com as pessoas.

Resolvi fazer três leituras de três runas separadas para ela. Uma para explorar o potencial de sua ideia sobre o negócio de ioga; outra para mostrar como sua vida seria se ela escolhesse se formar fisioterapeuta; e a terceira para ver se as runas tinham alguma outra coisa para revelar, talvez mais uma opção de uma carreira totalmente diferente. Enquanto eu explicava os significados de cada runa para ela, nós duas notamos como caíram mais runas positivas para o potencial de voltar a estudar do que para a ideia do estúdio de ioga. A leitura rúnica extra acrescentou alguma percepção que me fez modificar a recomendação de voltar a estudar. As runas indicaram que sua habilidade para aconselhar as pessoas e oferecer encorajamento era incrível, e sugeriram que ela acumulasse conhecimento sobre sua graduação em Administração em vez de deixá-la de lado. Perguntei se ela já havia pensado em fazer faculdade de Psicologia e trabalhar com terapia de casais ou familiar. Ela ficou animada com essa sugestão e entusiasmada em saber como suas habilidades em Administração poderiam ajudá-la a montar seu próprio consultório como terapeuta.

Vi as runas encorajarem professores a começarem um trabalho com crianças, e também as vi confirmarem quando era o momento de se aposentar e trabalhar por prazer, não só por necessidade. Há algo que fala de um modo visceral a alguém que bota fé em uma ferramenta espiritual para mapear um importante caminho, tanto na vida como na carreira. Muitos dos meus clientes são alunos universitários, porque a faculdade é uma época cheia de ansiedade, na qual tantos recursos são gastos no que, para algumas pessoas, poderia se tornar essencialmente uma suposição exploratória sobre seu destino. Quando escolher seu próprio destino, use as runas para pintar uma imagem do que vê. Os significados das runas foram generalizados, em alguns casos desde os tempos mais remotos, quando a economia era muito diferente. Ao longo da história, algumas pessoas permanecem fiéis a alguns traços de personalidade, tais como a ética profissional. Junte suas runas e comece a pensar com inteligência sobre o caminho profissional que você planejou para sua vida.

Expectativas

Lembre-se de que você está no comando do seu próprio destino, e as runas não devem ser uma sorte aleatória lançada para impor em você um rótulo profissional específico. Eu me recordo de que, quando estava começando na faculdade, imaginava que um curso levaria a uma carreira muito característica. À medida que eu crescia, aprendi que até habilidades bem díspares podem se mesclar para formar um sólido alicerce para um caminho profissional flexível. Em um local de trabalho, muitas pessoas terão históricos diferentes. Em vez de pensar no seu caminho acadêmico ou profissional tendo um destino único, imagine que você está ocupado erigindo o melhor alicerce que puder para um ponto de partida para o resto da sua vida. Aqui estão algumas perguntas que você pode fazer para obter a orientação de que precisa:

- No final das contas, qual desses dois empregos será o melhor para mim e para minha família?
- No que eu deveria pensar ao escolher uma faculdade que seja certa para mim?
- Que tipo de trabalho me ajudará a sobreviver e prosperar?
- Quais desses dois cursos seria uma escolha inteligente para adquirir as habilidades mais propícias ao mercado de trabalho?
- Eu deveria seguir minha paixão ou devo fazer o que é esperado de mim?
- É o momento certo para me aposentar?
- A minha ideia de negócio é viável financeiramente?
- Posso confiar no meu novo chefe?

Mapas

Mapa "Estou no Caminho Certo?"

Basicamente, o que a maioria das pessoas quer saber quando recorrem às runas com uma pergunta a respeito de estudo ou carreira é se é melhor permanecer nesse curso ou mudar de direção e tentar uma nova abordagem. Este mapa é simplesmente uma representação de uma ponte que mostra se esse caminho que você está escolhendo é permanente ou se você precisará refazer seus passos. A ponte é um símbolo poderoso que representa a transição. Você ouviu o clichê de "queimar pontes", no qual você cruza uma ponte e não pode mais voltar atrás. A imagem da ponte ajuda a lhe dizer o quanto você investiu na sua carreira profissional ou caminho acadêmico, e se deve continuar nesse caminho.

O segredo desse jogo é dividir todas as runas em dois punhados iguais, sem olhar para elas e, então, jogá-las ao mesmo tempo em cada lado da ponte. As runas que você selecionou para a mão esquerda, provavelmente, vão cair no lado esquerdo, e aquelas selecionadas para a margem direita da ponte vão cair no lado direito, mas não existe problema e é possível haver algum cruzamento entre elas. O lado esquerdo da ponte representa o que o apoia, de onde você vem e sua situação atual. As runas no lado direito representam o futuro desse caminho específico. Aquelas que caírem abaixo da ponte representam emoções subjacentes, visto que a água simboliza os sentimentos. As runas que caírem acima da ponte simbolizam as comunicações e os pensamentos acerca do caminho. Aquelas que caírem bem em cima da ponte caracterizam as manifestações físicas de eventos atuais que podem acontecer, decorrentes desse caminho profissional ou acadêmico.

O Mapa da Ponte

A runa *ehwaz*, no passado, por exemplo, pode representar lealdade a um antigo emprego e permanência no curso atual na sua carreira. No entanto, se, em vez disso, cair na água, pode significar que você precisa buscar a fonte desse sentimento, não em seu passado literal, mas em suas raízes. Talvez a runa se refira ao sonho profissional da infância de se tornar um bombeiro ou um médico. Talvez esteja ligada à profissão do pai ou da mãe e represente assumir a agência de seguros do seu pai, quando este se aposentar. Lembre-se de que todas as runas poderiam ser exibidas nesse método de mapa. Na prática, é claro, muitas delas caem viradas para baixo e permanecem não declaradas.

Mapa Elemental de Compatibilidade Profissional ou Acadêmica

Descobrir o curso universitário ou o cargo profissional ideal pode e deve ser como administrar um teste de personalidade em si mesmo. Algumas carreiras têm aspectos que combinam com seu estilo, enquanto outros aspectos do trabalho são empecilhos. Eu, por exemplo, adoraria ser uma parteira, porque não sou de sentir nojo fácil, adoraria ter mais instrução para ser medicamente treinada e parece fascinante ajudar mulheres a trazer os bebês para o mundo. Mas preciso do meu sono, e os bebês nem sempre vêm ao mundo em horas convenientes. Ser uma parteira definitivamente não é a profissão certa para mim. Exerço a função de vidente, o trabalho perfeito que combina comigo. Quando realizei uma leitura rúnica há muitos anos, antes de ir para a faculdade, e chequei meu caminho profissional, as runas sugeriram que eu teria vocação para a Educação. Embora eu realmente tenha um mestrado em Educação, e tenha dado aula para crianças por um tempo, agora percebo que meu papel como professora se estende para meus trabalhos como escritora e com os aprendizes de vidência. Até minha vocação como a mãe dos meus filhos me leva de volta ao ensino.

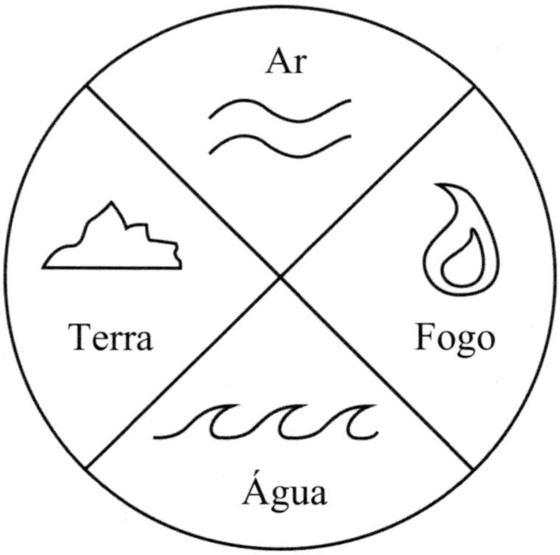

Mapa Elemental

O mapa elemental o ajuda a entender suas características de personalidade, dividindo-as em quatro elementos clássicos. Lance as runas no mapa. Se a maioria delas cair no elemento ar, sugere que você deveria trabalhar com tecnologia ou comunicação. Advogados e outras pessoas que trabalham com ideias são pessoas com carreiras associadas ao elemento ar. Analise as runas que estiverem lá para ter mais detalhes. Se *neid* aparecer, por exemplo, saiba que você poderia se envolver com comunicações de emergência ou aconselhamento de crise. Se *raido* surgir, seu trabalho em comunicação envolverá comunicações em longa distância, talvez como tradutor, por exemplo.

Se a maioria das runas caírem no elemento fogo, indicam uma paixão criativa ou arte. Aquelas que caírem nessa seção também podem ser interpretadas como suas paixões, se você tiver dificuldade em descobrir sozinho quais são elas. É perfeitamente compreensível tentar usar as runas para entrar em contato com suas paixões em um nível intelectual. Aqui estão alguns exemplos das interpretações das runas quando elas caem na categoria fogo: se *hagalaz* aparecer, você sabe que a paixão criativa também terá um elemento de dor ou destruição, como uma carreira como cirurgião plástico. Se vir *fehu*, pode ser um dos poucos sortudos a realmente fazer dinheiro criando arte, como cerâmica.

As runas que caem no elemento água mostram o que lhe traz satisfação emocional. Orientadores e médicos costumam ser associados com o elemento água. Não subestime a importância de se sentir emocionalmente completo por seu trabalho aqui na Terra. Não basta apenas adorar seu trabalho. Se você trabalha como um tratador de filhotes profissional e se diverte o dia inteiro com isso, mas se sente infeliz com a falta de consideração por seu trabalho, você pode ficar insatisfeito emocionalmente e, por consequência, sabotar o que faz para sair do seu emprego.

Por fim, o elemento terra contém a informação mais interessante, porque mostra como seu trabalho se manifestará no mundo físico. Empregos para pessoas com a maioria das runas no elemento terra incluem aqueles que envolvem o trabalho com as mãos ou o corpo, como instrutor de academia ou artesão. No entanto, é divertido usar sua intuição para tentar resolver que tipo de emprego você terá a partir de quais runas caírem nessa área do mapa, mesmo se foram apenas algumas. Pergunte-se quais tipos de funções no mundo real ao seu redor se adaptam às características das runas que você vê no quadrante terra do mapa. Pense literalmente quando interpretar as runas nessa seção. *Sowilo*, por exemplo, poderia indicar trabalhar como um eletricista em um teatro ou em um *set* de filmagem, enquanto *uruz* pode significar usar sua força bruta, como operário ou guarda-costas.

Tiragens

A Tiragem da Busca pelo Emprego

5 6 7 8 9 10 11

2 3 4

1

Muitos clientes que me procuram para uma leitura navegam pela internet, ansiosos, em busca de emprego. Querem saber que tipo de trabalho encontrarão e quando, e o que pode ser feito para acelerar o sucesso da busca. Essa tiragem parece um triângulo invertido. A runa inferior é posicionada primeiro e representa a manifestação física do emprego. Se precisar de uma análise mais detalhada de como sua carreira será, use o Mapa Elemental de Compatibilidade Profissional ou Acadêmica.

A fileira seguinte, de três runas na tiragem do triângulo, revela o passado, o presente e o futuro dessa busca específica pelo emprego. A fileira que mostra seu progresso pode ser especialmente útil, se você estiver analisando uma candidatura específica a um cargo e rastreando sua evolução. A fileira final tem sete runas e se refere ao tempo. As sete runas representam os sete dias da semana, começando com o dia de hoje e terminando com o sétimo dia no futuro, a partir de hoje. Além disso, essa fileira deveria ser interpretada com cuidado, usando-se a numerologia para investigar o potencial de anos, meses ou dias do mês no futuro. Se, para segunda-feira, nós virmos *fehu*, por exemplo, poderia significar que você terá sucesso com um emprego na segunda-feira. Como *fehu* também é o número um, se você descartar a segunda-feira como uma possibilidade, você ainda pode acolher o primeiro dia do mês e janeiro, o primeiro mês do ano, como momentos auspiciosos para encontrar um emprego.

Tiragem sobre Questões Interpessoais no Trabalho

2

1

3 4

O exemplo de tiragem anterior envolve você e seus colegas de trabalho. Essa tiragem é feita como uma roda, e o número de raios da roda depende do número de pessoas no seu local de trabalho que você pretende investigar. O eixo da roda representa como todas as pessoas no emprego o veem. Cada um dos raios da roda é uma pessoa no seu trabalho. Escolha as pessoas associadas com cada um, enquanto sorteia, e posicione as runas. A posição de cada pessoa em volta da roda é arbitrária, e você pode diminuir ou aumentar o número de raios, se for necessário. À medida que baixar as runas, elas representam os sentimentos e as intenções daquela pessoa em relação a com você. Até agora, estamos apenas colocando os raios na roda, mas você pode expandir suas leituras com a experiência. Uma argola em volta da roda, do lado de fora dos raios, representa como as pessoas diferentes que você está investigando interagem umas com as outras de uma forma que lhe diga respeito. O formato de roda dessa tiragem ajuda especialmente se você estiver analisando se as pessoas no seu local de trabalho conspiram nos bastidores para demiti-lo ou promovê-lo.

Vamos dar uma olhada em um exemplo prático dessa tiragem. James é um cliente que se sente frustrado com tantas mudanças no trabalho. Nós tiraremos uma runa para James e deixá-la no centro de tudo. Nós tiramos *uruz*, que é uma runa positiva e mostra que ele tem uma boa ética profissional. No entanto, James reclama que sua chefe, Susan, não aprecia seu trabalho como gerente de uma loja de varejo. Susan contratou David para rearranjar as vitrines da loja para deixá-la mais bonita e mais parecida com uma butique. Essa interferência irrita James e sua assistente, Lisa. Nós tiramos *ehwaz* para Lisa, *hagalaz* para David e *pertho* para Susan. Lisa é claramente uma amiga leal; contudo, sua lealdade pode não bastar neste caso. Susan está assumindo riscos com seu negócio e usando David para agitar as coisas. Toda a situação parece muito instável, então James seria tolo em insistir nessa situação. Eu aconselharia James a se permitir ser transformado, ou tomar as rédeas em suas próprias mãos e pedir demissão antes que as coisas mudem tanto que elas se tornem insuportáveis.

Significados das Runas no Contexto

Fehu: seu trabalho é visto favoravelmente pelos outros. De fato, pode haver algumas pessoas no seu local de trabalho atual ou passado que estão brigando muito em seu favor para permitir que você seja recompensado com aquilo que merece. Você tem habilidades de valor para uma empresa. Permita-se ser visto como um trunfo, e pergunte para potenciais empregadores por que você deveria escolhê-los em detrimento dos outros.

Uruz: seja enérgico com suas necessidades. Se estiver se candidatando a um emprego, não tenha medo de ligar e acompanhar, perguntando: "Você teve tempo de analisar meu currículo hoje?" Sua persistência e assertividade serão vistas de forma positiva, em vez de um incômodo. Se já tiver um emprego, pode haver algum infortúnio inesperado em razão da economia ou de outras forças em geral, mas você pode superar isso e permanecer no topo.

Thurisaz: alguém ou alguma situação no emprego o atingirão. Pode ser um colega de trabalho que o atormenta, um chefe com um conflito de personalidade ou uma tempestade se formando no seu local de trabalho que levará a uma dispensa temporária dos funcionários no futuro. Não ignore os aborrecimentos perturbadores, pois eles são sinais de que você deve mudar todo o seu ambiente de trabalho.

Ansuz: você está ouvindo um chamado divino a uma vocação. Não ignore seus sonhos, pois você se sentirá atraído por eles repetidas vezes, não importa o que faça. Busque um conselho sensato e dê uma chance aos seus sonhos, mesmo se eles parecerem loucos ou não lucrativos. Você pode descobrir que esse caminho é um trampolim para algo maior.

Raido: apenas siga em frente, passando pelos problemas que enfrenta. Se for um aluno que está temendo a semana de provas, seja qual for o resultado, saiba que tudo logo terminará. Se estiver se candidatando a empregos e não estiver recebendo respostas, continue com o bom trabalho de se candidatar, mas expanda seu alcance para locais mais distantes de onde você estava procurando até agora.

Ken: esta é uma runa muito auspiciosa para os estudantes, porque ela representa o fogo da paixão pelo conhecimento. Descubra o que atiça o fogo em você para saber mais e busque essa educação incansavelmente. No local de trabalho, essa runa mostra que sua voz precisa ser ouvida para resolver um grande problema. Se você for ignorado, pode haver um transtorno interno grave, interpessoalmente no local do trabalho, ou pessoalmente dentro de si.

Gebo: espere por um aumento generoso de salário. Agora é um momento auspicioso para pedir por um aumento ou procurar por um emprego que o recompense pelo trabalho que faz de forma mais apropriada. No caso de estudantes, esta runa representa que cairá no seu colo uma oportunidade de se voluntariar ou iniciar um estágio que pode mudar sua vida e seu caminho profissional.

Wunjo: esta é uma runa de promoção e representa um motivo para celebração. Você vai passar em uma prova, conquistar um novo cargo ou celebrar novas oportunidades e responsabilidades. Agradeça todas as pessoas que o levaram até onde você está. Estabeleça novas metas, ainda mais ambiciosas.

Hagalaz: a destruição se aproxima. Seu local de trabalho pode estar se reorganizando e dispensando pessoas, incluindo você mesmo. Um conflito interpessoal pode levá-lo a perder seu emprego. Se você for estudante, uma questão inesperada de saúde, financeira ou pessoal pode fazê-lo largar muitas aulas de uma vez ou baixar sua nota.

Neid: você não está tendo suas necessidades atendidas no seu local de trabalho atual. Se for um estudante, não tem algum conhecimento prévio importante e seu programa acadêmico atual pode não ser aquele que atenderá às suas exigências. Se estiver trabalhando, seu emprego ou ideia de negócio não está rendendo o bastante para pagar as contas. Recorra a outro trabalho ou à solidariedade das pessoas para permanecer sem dívidas.

Isa: você está preso em um emprego sem saída. Não há nada que possa fazer para convencer seu chefe a promovê-lo ou para permitir que sua situação mude para melhor. Recuar pode ser a única tática aqui. Se for estudante, pode estar no curso errado. Pode ser frustrante começar tudo de novo, mas é melhor retroceder agora do que depois de anos de estrada.

Jera: pode-se obter sucesso no caminho profissional, mas a estrada é longa. Você precisará investir certo tempo, esforço, e até viajar para atingir êxito na profissão. Pode ser necessário fazer um curso acadêmico sério para aperfeiçoar sua carreira. A boa notícia é que você estudará algo que já conhece e aprimorará habilidades que já tem.

Eihwaz: você está prestes a chegar a um ponto de ruptura na sua carreira, mas a mudança virá de um lugar filosófico de dentro de você, em vez de circunstâncias externas ou simplesmente receber um bom emprego. Você pode chegar à conclusão de que uma oportunidade de um trabalho voluntário orientado para um serviço, um estágio ou uma nova mentalidade no seu emprego neste momento o ajudarão a mudar as atitudes daqueles ao seu redor.

Pertho: a busca por emprego pode ser uma espécie de jogo de números para você agora. Candidate-se para tantas vagas quanto for possível, a fim de que tenha várias ofertas para examinar. No caso de estudantes, esta runa pede para o aluno explorar todas as paixões que puder na sua formação acadêmica. Se tiver uma oportunidade de fazer algum curso em outra especialidade, ou fazer aulas que estejam fora do seu foco normal, não há problema assumir o risco.

Algiz: sua rede de amigos será vital para seu sucesso profissional. Peça favores a eles ou para ser apresentado a pessoas influentes. Alguém no seu local de trabalho pode estar cuidando de você e o protegendo. Agora é o momento de forjar alianças fortes e duradouras que possam auxiliá-lo na sua carreira. Se estiver lidando com um rival na sua carreira ou na educação, seja firme e inflexível. Siga os procedimentos ao pé da letra para flagrar o trapaceiro com a boca na botija.

Sowilo: esta runa é um sinal certeiro de sucesso. Você terá uma oportunidade de se permitir brilhar. Se estiver estudando, essa pode ser uma oportunidade para ajudar a escrever um artigo para publicar ou dar uma palestra importante. Se estiver trabalhando, terá a chance de representar sua organização ou exibir um projeto que seja como um filho. Use esse momento para alavancar sua carreira, porque seu trabalho está sendo visto sob uma luz bem favorável.

Tiwaz: tome o cuidado de seguir as regras, se estiver iniciando um negócio, e não desvie muito do caminho mais conhecido. Se for estudante, permaneça na sua escolha de estudo atual, e saiba que seu trabalho será desafiador, mas possível. Pode haver alguns conflitos no local de trabalho, mas você conseguirá provar com firmeza que é a pessoa certa para ser o braço direito com lógica, fatos e provas.

Berkanan: você tem o potencial de ser remunerado com uma riqueza abundante por um grande projeto profissional. Esta runa é um sinal muito bom para aqueles que estão administrando seus próprios negócios, porque mostra como cresce o projeto que eles fomentaram. No caso de estudantes, esta runa também encoraja uma abordagem baseada em um projeto, o que sugere que pode ser o momento de escolher um trabalho de conclusão de curso, uma tese ou dissertação.

Ehwaz: esta runa é um sinal excelente para uma sociedade profissional, e mostra uma aliança com a qual você pode contar para ter lucro. Se estiver se perguntando se deve escolher uma oferta de trabalho específica ou instituição de ensino que lhe tenha oferecido matrícula, esta runa lhe diz para ir em frente. Busque aqueles parceiros que o ajudaram ao longo do caminho, podem ser recrutadores, orientadores acadêmicos ou supervisores, e solidifique esses laços profissionais. Alguém com quem você trabalha pode convidá-lo para um projeto paralelo, um emprego diferente ou uma oportunidade de negócio.

Mannaz: analise o panorama geral da sua situação profissional para ver por que sua organização está lidando com as coisas dessa forma. Pode ser necessária uma simples mudança de estado de espírito. Esta runa significa, em geral, que você deveria permanecer nesse caminho e não fazer grandes mudanças. Veja como alguém de fora veria seu trabalho e permita-se rever sua atitude.

Laguz: esta é uma runa muito positiva para encontrar em uma leitura profissional, porque indica que seu cargo está protegido do negativismo. Esta runa também o encoraja a fazer o trabalho que você realmente ama. Empenhe-se em se permitir ter mais criatividade no estudo ou no emprego. Você precisa de uma válvula de escape emocional apropriada nos seus deveres diários. Converse com as pessoas no comando para descobrir se, com flexibilidade, criatividade ou delegando trabalho aos outros, você consegue ter algum alívio emocional.

Ingwaz: esta runa indica uma fusão corporativa harmoniosa. Se você for dono do seu negócio, é um sinal auspicioso e o estimula a confiar em uma sociedade potencial. Se trabalha para uma organização, esta runa pode causar um pouco de ansiedade, porque mudanças acontecerão durante o processo de formação de novas alianças, mas todos deveriam trabalhar para o melhor. Se for um estudante, esta runa indica que você deve recorrer a outra organização, talvez em busca de créditos escolares ou para incrementar seu currículo, bem como fazer conexões úteis para seu futuro.

Othila: esta runa pede para você focar os bens físicos associados com seu trabalho. Se for dono de um negócio ou trabalhar para uma empresa, esta runa atrai seu foco para a propriedade, o inventário e os bens fixos. Se for estudante, esta runa pede para você fazer conexões e se candidatar a empregos onde está ou onde se baseiam suas raízes. Procure pelas runas perto dessa para ver se existem problemas com a organização presente ou se a runa está, simplesmente, pedindo para você contribuir com o que já está lá.

Dagaz: você está chegando a um estágio de finalização do seu curso, da sua especialização ou do seu cargo profissional. Deve pensar nos próximos passos na sua carreira. Desapegue de tudo o que se encerra, mesmo se você tiver um apego emocional a um projeto extinto, a um *campus* acadêmico ou até a um colega que simplesmente não está mais fazendo seu trabalho com competência. Você pode ir para algo maior e melhor quando permitir que o Sol se ponha nesse estágio da sua carreira.

A Runa Branca: não existe informação disponível o suficiente para você continuar nesta situação. Se estiver pensando em iniciar um negócio, temo que simplesmente ele não saia do papel. Tome cuidado com uma carreira ou oportunidade acadêmica que podem acabar sendo um golpe. Se alguém estiver pedindo a você para investir tempo ou dinheiro em algo que renderá, pode ser que a garantia necessária não esteja lá. Seja bem conservador.

Capítulo 4

Como Acessar o Poder das Runas

Era a semana da cirurgia do meu pai. Eu nunca tinha conhecido alguém tão próximo a mim que tivesse câncer. Enquanto tentava dormir com esse turbilhão de pensamentos revolvendo no meu cérebro, meus deuses me mandaram um sonho maravilhoso, no qual eu desenhava um poderoso talismã rúnico para proteger meu pai de todos os medos do desconhecido associados com sua cirurgia. Quando acordei, senti que havia tido uma epifania. Sabia que meu pai, por não ser religioso, jamais apreciaria um círculo de oração organizado da mesma forma que um gesto como esse me confortaria. Mas acontece que meu pai acreditava muito em bons amuletos da sorte. Sempre que jogava em um cassino, ele tomava um cuidado extremo com qualquer urucubaca que pudesse causar uma maré de azar, e gravitava em torno de coisas que ele pensava trazer boa sorte. Então, perguntei-lhe se gostaria de ter um amuleto de boa sorte para a cirurgia. Ele concordou, logo comecei a fazer para ele um amuleto da sorte rúnico. O processo de criar o amuleto me ajudou a me sentir menos impotente contra meus medos alimentados pela imaginação, bem como deu ao meu pai uma ferramenta para atenuar suas válidas preocupações em torno do seu tratamento contra o câncer.

Aqui estão alguns exemplos de como as runas podem dar um suporte espiritual, usando algumas das suas runas favoritas. Enquanto eu estava no processo de escrita deste livro, houve um terrível ataque terrorista que atraiu os olhos do mundo para vários países em perigo. Uma amiga minha me perguntou se havia algum tipo de meditação da paz que ela poderia usar com as runas. Desenhei uma roda de runas que parecia uma mandala, sobre a qual ela poderia meditar pela paz. No centro, coloquei *laguz*, que representa o amor saindo de dentro do indivíduo que está meditando. No segundo aro da roda, inseri a runa *ansuz*, que representa esse amor comunicado ao mundo e surgindo espontaneamente daquele lugar divino dentro dos outros. Na parte externa da roda, escrevi a runa *othila*, que simboliza o amor e a paz irradiando para o exterior e voltando para o interior, para aliviar o sofrimento no coração da minha amiga. Eu a instruí a meditar sobre a roda todos os dias, depois de acender uma vela branca pela paz às 19 horas, para que nós pudéssemos fazer a meditação juntas, mesmo separadas. Fazer a roda de runa também me ajudou a processar meus próprios sentimentos sobre o que estava acontecendo no mundo, fatos a que tínhamos acesso por meio das notícias. Afinal, fazer uma roda rúnica tem um grande elemento de talento artístico. Há muitas formas diferentes de arranjar as runas para criar um efeito, e você terá de usar tentativa e erro para sentir se o desenho resultante lhe parece certo. No processo de elaboração da minha arte, consegui expressar meus próprios sentimentos, bem como fazer algo criativo e positivo com aqueles sentimentos tristes, em vez de apenas escondê-los debaixo do tapete.

Outra amiga minha me escreveu esta semana me pedindo oração e orientação. Ela está envolvida em uma batalha pela custódia da sua filha há algum tempo, depois de um doloroso divórcio do seu romance dos tempos do colégio. Infelizmente, a situação piorou por ela ter sido rude quando a nova esposa de seu ex-marido levou a filha da minha amiga de volta para casa.

Na raiva do momento, a minha amiga xingou a mulher na frente da garota e imediatamente se arrependeu. Ela me enviou um *e-mail* me pedindo oração para impedir que quaisquer repercussões afetassem sua filha negativamente. Ela temia que sua filha aprendesse maus hábitos e que a batalha pela custódia se tornasse mais mesquinha. Sugeri que minha amiga enviasse à mulher que ela ofendeu um cartão-presente, ou algumas flores, com um pedido de desculpas, para tentar acalmar as coisas. Enquanto isso, ela e a filha poderiam fazer um chaveiro para a mochila da menina que carregasse *algiz*. Minha amiga poderia explicar para a filha que a runa representa a proteção e o amor dos pais por ela, os quais ela carrega consigo por onde for, mesmo quando seus pais cometem erros. Enquanto isso, minha amiga poderia cantar *ansuz* em uma oração para pedir orientação divina para ajudá-la a se comunicar com a outra família da sua filha, de uma forma que a comunicação viesse de um lugar de amor, em vez de medo e raiva.

Quando era adolescente, utilizei as runas para realizar um ritual especial que eu usava para me sintonizar com o divino. Queria me dedicar ao meu caminho espiritual, mas estava perdida sobre como fazer isso. Era jovem demais para buscar um treinamento formal para me tornar qualquer tipo de sacerdotisa, mas sentia que estava voltando para casa, na minha religião de escolha, e quis marcar o ponto de transição com uma cerimônia de dedicação. Desenhei uma runa para ver se era hora de realizar o ritual sozinha e acabei escolhendo *othila*, o que consolidou para mim a ideia de que estava encontrando nomes para os deuses e para a religião para os quais senti um chamado por toda a minha vida. Escolhi um nome espiritual especial para mim e o escrevi em runas no meu novo diário espiritual. Então, sob a luz da Lua e das estrelas, apresentei-me aos quatro pontos cardeais usando meu novo nome espiritual. Ajoelhei-me e curvei meu corpo, de forma que eu ficasse aproximadamente na forma de *othila*. Colocando uma mão na minha cabeça e a outra na sola do meu pé, contei ao mundo que tudo entre minhas duas mãos pertencia agora aos meus deuses. Era um ritual simples, e tenho certeza de que eu mal parecia uma runa, mas a sensação que evoquei naquele momento permanecerá comigo por toda a vida.

As runas são uma das ferramentas adivinhatórias mais gratificantes, porque são satisfatórias e fáceis de lidar. Conectar as runas com práticas espirituais mais profundas na sua vida o tornará um vidente melhor por vários motivos. Primeiramente, você adicionará um significado mais profundo ao seu léxico rúnico interno. Se tudo o que aprendeu sobre as runas veio de um livro, você pode certamente começar uma prática de leitura competente. No entanto, se já teve uma experiência espiritual transformadora de vida durante uma meditação, um sonho ou uma oração, em que a runa aparecia para você em uma visão deslumbrante, terá uma ligação pessoal mais significativa com essa runa. Você nunca esquecerá seu significado se ele for solidificado por uma experiência espiritual poderosa. Este capítulo trata de um mergulho profundo no poder das runas.

Os povos antigos usavam as runas, não apenas para adivinhação e como um sistema de escrita, mas também na vida espiritual diária. Na era moderna, pode ser difícil os significados sutilmente espirituais de cada runa entrarem na nossa cabeça, pois nem todos são treinados em vocações espirituais. Cada uma das runas pode ser usada para descrever experiências espirituais e conceitos teológicos para os quais o nosso idioma nem sempre tem uma única palavra equivalente para descrever. O mundo dos povos antigos estava repleto de mistérios espirituais, entidades e espectros, cada um dos quais tinha mitologias com nuances finas refletidas nas runas. Embora muitos dos significados originais possam estar perdidos para sempre, uma pessoa espiritual da nossa era pode fazer descobertas pessoais com as runas que enriquecem seu mundo e o desenvolvem.

Neste capítulo, gostaria de apresentar algumas dicas e técnicas antigas que funcionaram para mim. Gosto de chamá-las de "regras" simplesmente porque, com o tempo, observou-se que elas funcionaram para mim e muitos outros em geral. No entanto, os deuses antigos não estão inclinados sobre você, impondo essas regras das runas, então, se algumas delas não funcionarem para você, sinta-se à vontade para criar suas próprias, à medida que avança. Nem todas as técnicas a seguir são possíveis de serem empregadas com cada aplicação da runa, então use apenas as mais práticas, ou aquelas que mais fizerem sentido para você. No caso do iniciante, seguir modelos de prática estabelecidos pode ajudar, mas todos estamos fazendo novas descobertas à medida que avançamos. Comecemos com alguns conceitos básicos que vieram até nós ao longo das eras e ainda têm vários usos hoje.

Metáforas

Uma metáfora (*knowing*, em inglês) é uma ferramenta importante quando as runas são usadas para conceituar um desejo espiritual, pessoa ou objeto. A palavra "metáfora", como é utilizada no contexto das práticas rúnicas modernas, deriva da palavra nórdica *kenning*. Basicamente, *kenning* é um nome poético para algo. Para o uso com as runas, uma metáfora é um nome verdadeiro dado a uma ferramenta mágica, objeto ou forma de descrever uma intenção ou desejo. Em geral, elas são escritas em um objeto sagrado, mas também podem ser cantadas, citadas em oração ou utilizadas como um apelido espiritual. Os praticantes de magia moderna acreditam que, se você conhece o nome verdadeiro de algo, tem poder sobre ele. Então, quando criar um objeto sagrado, nomear um lugar de importância espiritual, escolher um nome espiritual para si ou até fazer uma oração, você deve tomar cuidado ao nomear seu desejo. O nome ideal deve ser lindo, inspirar admiração, ser rico em imagens e deve sair do idioma.

Na Antiguidade, em vez de simplesmente chamar uma espada de "minha espada", um guerreiro daria a ela um nome poético como "aquela que causa medo nos inimigos"; "O sangue a colore e protege minha família"; ou "Dança na luz tão rápido que meu oponente não consegue ver". Cada nome poderia ser o verso de um poema, que evocava uma imagem visual que fazia da arma mais do que uma mera ferramenta. Da mesma forma, um mestre de runas poderia escolher um nome poético, como: "Aquela que serve a Freya por meio da canção" ou "Aquele que cura com glifos". Fique à vontade para ser tão poético e abstrato quanto quiser ao criar suas próprias metáforas, e experimente dar aos objetos mágicos um nome verdadeiro, como os antigos faziam.

Uma metáfora é o primeiro passo a ser dado quando você tiver uma necessidade espiritual a ser abordada com as runas. Quando você tiver um problema que quiser resolver por meio de meditação, oração ou magia, pense com cuidado sobre o resultado que quiser alcançar. Crie uma metáfora que descreve a conquista derradeira desse objetivo espiritual. Use sua criatividade e imaginação para expressar seu propósito espiritual de uma forma poética. Se quiser que seus joelhos sarem depois de uma cirurgia, por exemplo, sua metáfora pode ser algo como: "eu me curvo graciosa e alegremente diante dos deuses". Se precisa descobrir um lugar novo e tranquilo para morar, sua metáfora para essa necessidade poderia ser: "sou um barco guiado suavemente pela tempestade até meu lar". Se necessita ter mais eficiência no seu trabalho, sua metáfora poderia soar como: "minhas mãos trabalham rápido, como aranhas tecendo teias, para trazer prosperidade para minha família".

O próximo passo é transformar sua metáfora em uma linha de runas. Como os glifos são tradicionalmente escritos em coisas quando usados espiritualmente, os passos seguintes admitirão que é exatamente isso que você está fazendo. Quando escreveram as runas para propósitos espirituais, os povos antigos que as registraram podem ter preferido usar a menor quantidade possível de runas e utilizar abreviaturas sempre que possível. Na verdade, quando os povos antigos anotavam suas metáforas, não usavam nenhum espaço ou pontuação, o que torna as inscrições rúnicas antigas um pouco difíceis de ler. Como também soletravam as palavras foneticamente, você vai precisar ter o cuidado de também fazer isso, utilizando os sons das runas, em vez de encontrar equivalentes para cada letra. Os sons principais em "amo você" ficariam "amu vose".

Eles também usavam as runas como pictogramas, sempre que possível, para condensar ainda mais os significados. Então, em vez de escrever "o homem anda a cavalo", os povos antigos poderiam usar as runas *mannaz*, *raido* e *ehwaz* escritas juntas, sem espaços entre elas, cada uma agindo como um pictograma para uma palavra na metáfora. Os povos antigos acreditavam que condensar os significados das runas em pictogramas era a forma mais poderosa de utilizá-las. É importante anotar suas runas com cuidado, para que haja um início, um meio e um fim a cada "sentença", mesmo se suas runas forem usadas apenas como pictogramas. Pense bem se a primeira runa é como você quer que a situação comece, e se a última runa escrita é como você quer que o resultado pareça. Se achar suas runas de início e de fim falhas, reorganize sua metáfora.

Quando fizer a versão final da sua metáfora para seu diário, com um foco em meditação, ou em um talismã, entalhe cada runa individualmente, mesmo se alguns dos glifos ficarem visualmente sobrepostos. Se estiver trabalhando com madeira, por exemplo, passe sua lâmina de novo sobre as áreas que foram entalhadas antes, se elas fizerem parte de um glifo que estiver sendo acrescentado a uma runa de ligação.

Runas de Ligação

Uma forma de combinar e condensar ainda mais as runas é basicamente escrever uma em cima da outra para criar uma "runa de ligação", de modo que elas tenham um novo significado composto. As runas de ligação podem ser elegantes e lindas. Como os povos antigos não prestavam muita atenção ao lado para o qual os glifos estavam virados quando os entalhavam, você pode tomar liberdades semelhantes e virar as runas até elas parecerem bonitas quando mescladas. Você pode escrever uma metáfora inteira como uma única runa de ligação ou usar as runas de ligação frugalmente, quando escreve um verso de runas para combinar certos conceitos, a fim de que eles fiquem mais potentes e façam mais sentido para você. Se estiver fazendo uma runa de ligação para ajudar um soldado a voltar para casa de uma guerra, por exemplo, combine *tiwaz* com *mannaz*, para representar o soldado, e depois *othila*, para representar a volta ao lar do soldado. Dependendo de como a runa for personalizada, você pode colocar todos os três glifos juntos, ou apenas combinar os primeiros dois e acrescentar mais à frase para esclarecer seus desejos para o soldado, se sua metáfora tiver significados mais complexos e poéticos para expressar.

Um exemplo útil de uma runa de ligação adaptável às suas necessidades é fazer uma que signifique "proteção (contra algo)", começando com *algiz* e, então, acrescentando uma runa para representar suas necessidades de proteção específicas. Qualquer um poderia usar, por exemplo, a proteção contra as circunstâncias perturbadoras, representadas por *hagalaz*. Mas quando estiver atravessando um deserto, pode-se querer proteção contra o Sol quente, representado por *sowilo*. Uma pessoa que está combatendo o vício em jogos pode querer proteção contra *pertho*. À medida que você constrói uma simples metáfora para proteção, seja tão específico quanto puder com suas necessidades de proteção, e escolha a runa que represente a categoria mais ampla que inclua essa necessidade.

Depois de estabelecer uma combinação rúnica, pegue papel para rascunho e tente combinar as runas de diversas formas, desde que fiquem bonitas. Enquanto faz isso, perceba que novas runas parecem surgir à medida que você conecta as linhas dos glifos.

Procure pelas runas ocultas que possam comprometer ou realçar seu significado. Se você descobrir por acaso que duas runas se juntam para formar *uruz*, isso é, na verdade, uma coisa positiva. *Uruz* pode adicionar poder em sua runa de ligação. No entanto, como outras runas podem confundir seu significado, tome o cuidado de selecionar uma orientação diferente das suas runas ou até separá-las, se for preciso. Um significado mais claro é mais importante do que um condensado, especialmente para um iniciante. Se você se vir pensando em um significado alternativo da sua combinação rúnica cada vez que olhar para elas, sua intenção será mal orientada e, como resultado, você pode causar mudanças involuntárias no seu mundo.

Como Entalhar as Runas

Tradicionalmente, o primeiro passo para levar vida espiritual às runas é entalhá-las. De fato, a evidência que temos do uso espiritual das runas vem de objetos mágicos nos quais elas foram entalhadas. Os glifos rúnicos podem ser entalhados em ferramentas de metal tradicionais, placas de madeira ou pedra, ou joias. Você pode entalhar as runas em qualquer coisa, seja como for, e nossas vidas atuais e modernas fornecem oportunidades para entalhar runas em todo e qualquer lugar. Você pode rabiscar glifos rúnicos no seu celular, se quiser receber boas notícias.

Meu uso simples favorito é entalhar as runas que eu quiser incorporar na casca de uma banana. Meu marido sempre se pergunta como eu consigo comer tantas bananas, porque sou bem viciada nelas como um alimento saudável para o café da manhã e lanches. Entalho os glifos diretamente na banana, ainda na casca, com um palito de dente ou um clipe de papel esticado, de modo que o entalhe é apenas um arranhão e não fura a fruta. Da noite para o dia, o entalhe fica preto e contrasta de um modo impressionante com a casca amarela, o que o faz parecer algo como se as runas tivessem sido empoderadas. Então, como a fruta com atenção plena durante o dia, quando tenho necessidade da influência das runas, ou a adiciono à vitamina no meu café da manhã para me empoderar ao longo do dia.

Nem sempre é prático entalhar as runas. Você pode não querer arruinar a superfície de um carro que quiser empoderar com as runas. No entanto, sempre que for possível e prático entalhar ou rabiscar as runas em uma superfície, é aconselhável fazer isso. O ato de entalhar, mesmo que seja como um sinal, é uma forma simbólica de alterar o universo ao seu redor. À proporção que cria as runas, você destrói, e essa dualidade reflete os mistérios da manifestação.

Como Ler as Runas como uma Escrita

Ler as runas que você escreve é vital para reconhecer seu poder. Como qualquer um que já viu uma tatuagem ruim lhe dirá, revisar suas runas é crucial. Uma tatuagem mal feita é eterna, assim como é uma runa escrita de maneira errada, se você passa pelo processo de transmitir espiritualmente a ela sua intenção e manifestar mudança no seu universo. Por isso, vale a pena usar seu tempo como iniciante para aprender a ler fileiras de letras rúnicas como um texto, além de aprender seus significados adivinhatórios. Por sorte, várias das runas se parecem um pouco com as letras que conhecemos, seja em inglês, seja em português, pelos sons que elas representam. Você pode praticar o uso das runas como uma escrita na sua vida cotidiana, se quiser ficar mais familiarizado com a leitura.

Enquanto examina suas runas neste estágio, não precisa lê-las em voz alta. Essa parte vem depois. Nesse momento, visualize e decore seus pensamentos. Para ler suas runas, apenas observe os glifos, e leia-os com cuidado e intenção. Se tiver escrito uma runa de ligação, deixe sua mente processar cada runa na ordem, forçando-as a saltar uma a uma na sua tela mental, enquanto contempla a runa de ligação. Tente ler as runas mentalmente dessa forma a cada vez que olhar para a runa de ligação de agora em diante, em vez de vê-las como o desenho que você planejou como um todo. Embora esse desenho seja importante para chamar sua atenção e permitir que seu olho vagueie como se estivesse em um labirinto, a runa de ligação deve sempre reter o significado na sua mente e não sumir na sua memória, como uma obra de arte abstrata.

Adoro escrever usando runas como uma prática espiritual. No início, pode ser um desafio, mas logo pode se tornar um exercício de transe meditativo. Aprender a usar uma nova escrita para escrever é muito difícil, então não se sinta frustrado se não conseguir escrever uma página de notas rúnicas no mesmo tempo em que consegue escrever em letra cursiva. A princípio, escrever um texto pode parecer como resolver um quebra-cabeças, conforme você se esforça em criptografar sua escrita. Escolha um poema ou oração favoritos e mergulhe no processo. Pronuncie cada palavra e procure quais são as melhores runas para encaixar. Enquanto escreve, deixe as ideias associadas com cada pictograma rúnico aparecer na sua mente e divirta-se tentando fazer conexões com a palavra que escreve. Em breve, você achará que o processo de escrever as runas ficará cada vez mais rápido, conforme começa a memorizar as runas mais comuns. Você se sentirá mais confortável com elas e capaz agora de aplicar esse conhecimento internalizado das runas nas suas leituras rúnicas.

Escrever com as runas pode proteger um texto sagrado particular dos olhos curiosos do observador casual. Quando saí da casa da minha infância e fui para a faculdade, de repente me vi morando em um quarto de um dormitório coletivo lotado, sem nenhuma privacidade. Comecei a escrever coisas espirituais privadas usando o alfabeto das Runas de Honório, também conhecidas como tebanas. Datas importantes para as meditações da Lua cheia ou para encontros com pessoas com o mesmo interesse foram anotadas nessa forma de escrita, para que meus colegas de quarto não fizessem perguntas pessoais nem ficassem assustados com uma colega adepta da bruxaria. Suponho que eles apenas achassem que eu estivesse escrevendo em outra língua, e meu plano de manter minhas coisas sagradas para mim funcionou perfeitamente.

Pintar ou Colorir as Runas

Mesmo se seu exercício rúnico espiritual crie apenas uma escrita temporária, tal como escrever as runas em um pedaço de papel que deve ser queimado, o ato de adicionar cor e preencher os sulcos feitos pelo entalhe é simbólico. Pintar pode adicionar um significado a mais por meio das associações feitas com a cor. Então, no caso de runas pintadas para o amor, a paixão ou a guerra, use vermelho. Veja em "Como Fazer as Runas", no capítulo 6, uma lista de exemplos das minhas associações com as cores.

Depois do ato de destruição entalhando as runas, pintá-las ou colori-las é criatividade em ação. Quando pinto as runas que foram cortadas em madeira, muitas vezes parece que estou aplicando uma pomada restauradora nos ferimentos no galho da árvore. Pintar os glifos reforça o que você destruiu, mas torna suas marcas mais vibrantes, em vez de cobri-las. Da mesma forma, seus desejos são impressos com mais firmeza no universo pintando ou colorindo as runas depois de cortá-las, sempre que for possível e viável.

Como Carregar Suas Runas

"Carregar" um objeto significa impregná-lo de energia espiritual. Essa energia não é a mesma que a elétrica, é claro, por isso você não carregará suas runas como quem carrega dispositivos eletrônicos. A energia espiritual é mais sobre fazer uma conexão com o objeto do ritual e iniciar o movimento das suas emoções, dos desejos, e dessa energia espiritual, para a manifestação no universo.

Antes de carregar suas runas, primeiro pense em como você sente a energia espiritual. Quando comprou suas runas, passou suas mãos sobre vários jogos? O que sentiu? Se não sentiu energia antes, lembre-se de que ela pode parecer diferente para diversas pessoas. Algumas visualizam a energia na tela mental como uma luz ou ondas coloridas ao redor do objeto. Alguns têm um sentido tátil da energia como uma sensação de calor, frio, pressão, formigamento ou penugem. Uma ou mais dessas formas de detectar a energia podem entrar em ação quando você estiver carregando suas runas e decidindo quando você termina de carregá-las.

Passo 1: pense na intenção que você tem para suas runas com clareza na sua mente. Permita-se evocar emoções associadas com seu objetivo, como se ele já tivesse sido atingido. Algumas pessoas acham que a visualização ajuda a elevar a energia apropriada. Portanto, se você estiver carregando runas para curar uma perna quebrada, visualize a pessoa movimentando-se com alegria depois de estar completamente curada, e tente experimentar a felicidade que você sente vendo essa pessoa sentir-se bem de novo. Se estiver carregando um objeto para proteger seu lar, imagine um cenário no qual você afastou com sucesso um perigo potencial e se permitiu sentir emoções que poderia ter, como aquelas de uma espécie de "mãe urso protetora", talvez enquanto observa supostos assaltantes conduzidos pela polícia.

Passo 2: pegue o objeto no qual pôs suas runas e coloque nele suas visualizações e emoções. Você pode visualizar sua energia espiritual como uma luz impregnando o objeto com poder, ou apenas apertá-lo com firmeza e ter esperança, com todo o seu coração. Enquanto fizer isso, entoe o som que a letra rúnica faz, se necessário. *Sowilo* soaria como o sibilo de uma cobra, por exemplo, enquanto *ansuz* soaria como uma canção.

Passo 3: avalie se seu objeto foi carregado. Se puder perceber a energia, você poderia sentir aquele formigamento ou zumbido, ou ver que o objeto continua a ter uma luz na sua tela mental, mesmo se não estiver se concentrando nessa visualização. Saber quando um objeto foi carregado adequadamente requer experiência e prática, então use seu instinto nesse caso por ora, e saiba que sua habilidade de carregar as coisas melhorará com o tempo. Note que, ao contrário de uma recarga elétrica, a recarga espiritual pode ser retida por um objeto indefinidamente.

Oração e Evocação das Runas

O uso das runas está ligado à mitologia dos deuses antigos, e é por meio da oração que a energia manifestada das runas pode ser evocada. "Evocação" significa invocar o poder que reside nas runas. Digamos que você já carregou suas runas. Você pode pensar na evocação como se as ligasse. Muitos mestres acreditam que as divindades teutônicas estão inextricavelmente ligadas ao uso das runas. Eu, pessoalmente, acredito que a mitologia antiga alimenta minha compreensão das runas; no entanto, também observei orações a divindades que não são historicamente relacionadas às runas serem atendidas. Vi cristãos rezarem a Jesus ou Jeová para evocar runas, e rezo para minhas divindades wicanas para evocar as minhas. Reze para quem você se sentir confortável, mesmo se você for um agnóstico que estiver usando a oração como um exercício psicológico para personificar os arquétipos.

No caso de iniciantes, ou daqueles que estão um pouco enferrujados com a oração, recomendo usar uma fórmula específica todas as vezes, para não se esquecer de nenhum componente importante. Se já for um perito em oração, pode pular esse recurso exemplificativo, mas aqui vai um passo a passo que funciona para mim. O processo da oração é formado pelas seguintes etapas: pessoa/entidade que ouve, louvor, pedido der ajuda, prazo para a realização do pedido, imperativos para segurança, nota de agradecimento e atenção graciosa. Quando pedir ajuda, formule a frase de uma forma que soe como se ela já tivesse se manifestado. A oração inicia sendo endereçada a um poder superior e termina com uma declaração equivalente a "amém" ou "que assim seja". A oração deve sempre vir acompanhada por um período de buscar com atenção por um sinal ou resposta interna.

Pessoa/entidade que ouve: Invoco (Deus(es)/Deusa(s)/Espírito/Universo/meu eu superior/etc.).

Louvor: Tu que és/Vós que sois (nomeie três atributos positivos ao sujeito dessa oração).

Pedido de ajuda: Obrigado por (insira sua metáfora aqui no seu idioma ou entoe os nomes de cada runa usada para expressá-la).

Prazo para a realização do pedido: (agora/na próxima Lua cheia/etc.).

Imperativos para segurança: Sem danos às pessoas e para o bem de todos. Que assim seja.

Nota de agradecimento: Em troca, eu te ofereço (culto/incenso/alimento/bebida/etc.).

Atenção graciosa: Abençoado seja.

Medite e, então, reflita sobre como você se sentiu durante e depois.

Pode ser divertido entoar os nomes de cada runa que você usa para escrever sua metáfora. Em vez de utilizar um formato de oração, como o exemplo citado, você pode entoar os nomes de cada uma das runas que estiver usando em sucessão por repetidas vezes, como um mantra. Muitos praticantes avançados cantam em voz alta os nomes das suas runas, como o refrão de uma canção.

Os nomes podem parecer impressionantes. Gosto de entoar os nomes que soam como um idioma estrangeiro, porque isso me lembra das minhas imaginações dos feitiços da bruxaria na infância, especialmente quando acompanhadas com o ato de desenhar as runas no ar com minhas mãos.

Oferta de Sacrifício e Respeito

No formato da oração, incluí um sacrifício espiritual como um dos passos importantes. Quando você pede por algo ao seu poder superior, dar algo em troca pode impulsionar sua intenção. Não recomendo sacrifício de animais. Como vegetariana, acredito em poupar as vidas deles. Entretanto, muitas culturas têm e ainda oferecem como sacrifício alimentos ou bebidas, colocando a oferenda em um prato especial reservado para a prática. A oferenda de alimento ou bebida pode ser deixada ao ar livre para a vida selvagem consumir como representante do poder superior. Uma oferenda alternativa é queimar incensos de aromas doces. Ao fazer uma oferenda, você aplaca o divino e ganha seu favor.

Oferendas menos tangíveis ao divino podem ser bem poderosas, desde que estejam conectadas com um desejo sincero de servir ao espírito e ser servido em troca. Você pode, por exemplo, oferecer culto, canção e louvores, ou pode oferecer a renúncia a um vício ou assumir uma causa voluntária. Seus esforços ofertados no espírito do serviço ao divino serão retribuídos como bênçãos.

Assinatura do Seu Objeto Rúnico

É uma boa prática assinar seu objeto para unir a energia dele à sua, impedindo, assim, o mau uso da sua ferramenta sagrada. Foram encontrados muitos artefatos rúnicos antigos que exibem o nome ou o título do escultor dos glifos. Você pode assinar com seu primeiro nome, ou criar um apelido para si mesmo na qualidade de mestre. A cada vez que você entalha seu próprio nome com runas, passará pelo processo de autoevocação, o que pode ser uma experiência espiritual emocionante por si só.

Vou contar a história sobre a descoberta do meu nome espiritual, porque foi uma experiência especial para mim. Eu era uma jovem adulta recém-chegada à faculdade quando aprendi sobre a lei da magia, que afirma que saber o nome verdadeiro de algo ou de alguém lhe dá poder sobre essa coisa ou pessoa. Antes disso, achava um pouco bobo que muitas pessoas na minha comunidade religiosa tivessem nomes especiais utilizados apenas para rituais. Eu brincava que meu nome era Lady Ravensbreath Shadowcaster, e me recusava a usar qualquer coisa além do meu primeiro nome.

Em certo ponto, resolvi que tratar o tempo todo uma parte importante da minha tradição de fé religiosa como uma piada poderia levar a um tipo de crise espiritual. Então, decidi rogar para que meus deuses me dessem um nome mágico, como ele é chamado na religião Wicca. Fui bem específica na minha oração. Pessoas que se relacionam com magia costumam fazer orações como se fossem advogados, porque sabem que suas preces podem se manifestar de inúmeras formas. Pedi para ver meu nome mágico escrito, em vez de ouvi-lo, para que eu soubesse que não estava ficando louca quando recebesse o sinal.

Naquela semana, fui ao refeitório da minha faculdade comprar comida e, fora do edifício, encontrei uma etiqueta com o nome "Delriece". Empolgada, pois poderia ser um sinal, corri para a biblioteca no *campus* para pegar um livro sobre significados dos nomes. Quando abri o livro na página na qual o nome estava impresso, caiu um cartão de seguro-saúde com outro nome escrito nele. Meus deuses me deram dois nomes mágicos. Na ocasião, decidi usar aquele no cartão como meu nome mágico público em encontros e para entalhar em objetos espirituais que pudessem ser vistos pelos outros. O segundo nome eu mantive privado como uma denominação sagrada para usar em exercícios espirituais praticados sozinha ou com pessoas em quem confiava como se fossem da minha família.

Você não precisa escolher um nome mágico, se não quiser, mas o processo de escolha do nome me pareceu uma confirmação espiritual e me ajudou a me mostrar que resultados reais são possíveis para que eu começasse a levar o poder espiritual mais a sério. Conseguir resultados reais é uma forma infalível de ficar viciado em magia rúnica. A palavra "magia", nesse contexto, significa que as runas criam uma mudança real em você e no seu mundo. Eu o encorajo a experimentar com seu próprio exercício rúnico espiritual usando as sugestões deste capítulo.

Capítulo 5

Usos Específicos das Runas

Criei uma pequena coletânea de utilizações das runas que são inspiradas nos usos mitológicos antigos, muitos dos quais ainda se aplicam hoje. Leia os exemplos e teste-os usando as regras rúnicas que acabamos de aprender. Quando você vir a magia rúnica em ação, acreditará no poder das suas runas. Você também pode utilizar os exemplos como um padrão para realizar seus próprios exercícios espirituais relacionados para adaptar seus resultados aos desejos do seu coração.

Para Proteção e Dar Força a um Viajante para uma Viagem Segura

Antigamente, os viajantes costumavam carregar um cajado para abrir caminho no meio da mata, escalar colinas e montanhas, e usar como arma contra indivíduos repugnantes ou animais ferozes encontrados ao longo do caminho. Fazer um cajado rúnico é algo popular, porque as runas são ligadas a cajados de várias formas. A palavra usada no inglês para os glifos rúnicos entalhados é “stave”, que significa “staff”, cajado em inglês. Sabemos que várias runas são associadas a madeiras de árvores, tais como teixo (*eihwaz*) e bétula (*berkanan*). Árvores são mais do que um mero material de artesanato. Um cajado rúnico representa um ramo da árvore mundial mitológica que é o universo. Seu cajado pode agir como uma varinha mágica, e direcionar a energia espiritual para o mundo para criar o que você deseja.

Escolha um cajado rúnico com base no tipo de madeira que você tiver disponível. Fiz cajados rúnicos com muitos tipos de madeira, coletados como troncos caídos ou cortados com atenção plena de árvores, mas também fiz um com uma vara de pinho comprada em uma madeireira e que funcionou muito bem. Os cajados rúnicos tradicionais costumam ter o mesmo tamanho do usuário ou, às vezes, são até maiores do que uma pessoa; contudo, também fiz uns menores. Meu cajado de viagem favorito é do tamanho de um cano curto, para que eu possa levá-lo facilmente em um avião como um item de bordo.

Para nossa sorte, é fácil encaixar desejos de viagem positivos em uma única runa. Os iniciantes podem achar os exercícios com uma única runa muito mais fáceis do que entalhar uma enorme linha de runas. Lembre-se de que a concisão é, na verdade, uma habilidade que os mestres rúnicos avançados tentam obter. Recomendo *jera* do Futhark Antigo para um cajado de viagem, se estiver buscando uma jornada positiva. Você pode acrescentar ou substituir por *raido*, se velocidade for importante para suas viagens, ou *ansuz*, se sentir que seu modo de viagem ou destino forem muito perigosos.

Você pode entalhar o glifo rúnico orgulhosamente perto do topo do seu cajado e virá-lo para a frente quando caminhar, para que seu poder libere seu caminho. Se sentir a necessidade de ser discreto com seu uso das runas, pode entalhar o glifo na parte inferior do seu cajado. Deixe seu cajado com uma base de madeira, porque parece ótimo fazer desenhos de runas quando caminha na praia ou na lama. Se quiser proteger seu cajado de algum dano, entalhe a runa na parte de baixo e a cubra com uma base de borracha que pode ser comprada em lojas de materiais de construção.

Para Acalmar as Ondas do Mar

Os navegadores antigos se preocupavam muito em navegar por águas calmas. Mesmo hoje, afogamentos e naufrágios são perigos constantes para aqueles que se aventuram em águas abertas. Ondas também são metáforas para as emoções. Mesmo se você nunca tenha chegado perto nem de uma piscina, você pode usar esta prática para acalmar as marés internas das suas emoções. Este é outro exercício de runa única, mas não tenha pressa para escolher o lugar e o momento certos para carregar a runa. Por mais experiência que eu tenha com runas e meditação, o sentimento de tranquilidade é uma das emoções mais difíceis de conjurar livremente para mim. Não realize este exercício quando estiver se sentindo estressado, apressado, com raiva ou com qualquer outro tipo de turbulência emocional. O exercício para acalmar ondas marinhas metafóricas e literais é realizado necessariamente ao ar livre, então, você vai precisar também escolher um instante em que os ventos estiverem parados.

Arrume uma fita azul, com um comprimento igual à circunferência da sua cabeça, para conter simbolicamente as emoções que você acalmará, e pegue uma caneta vermelha. A cor azul representa a paz, e o vermelho da caneta é apenas uma cor tradicional para a ativação das runas. Por motivos práticos, não é necessário cortar as runas na fita. Espere até um momento no qual os ventos e seus sentimentos internos estiverem calmos. Vá a um local tranquilo ao ar livre, talvez ao lado de um lago calmo ou em um jardim. Sente-se em uma posição confortável, feche os olhos, respire fundo e devagar. Abandone quaisquer preocupações persistentes sobre seu dia e deixe os pensamentos do mundo vagarem livremente. Note quando sua respiração desacelerar de maneira natural e seus músculos começarem a relaxar.

Quando se sentir pronto, escreva *laguz* nove vezes em um dos lados da fita, a distâncias iguais. Nove é o número do sucesso e da realização, da paz e da alegria. Guarde a fita em um saquinho, ou no bolso, para tocá-la, ou amarre-a em qualquer lugar que você quiser quando precisar de uma energia de calma.

Para Quebrar uma Maldição

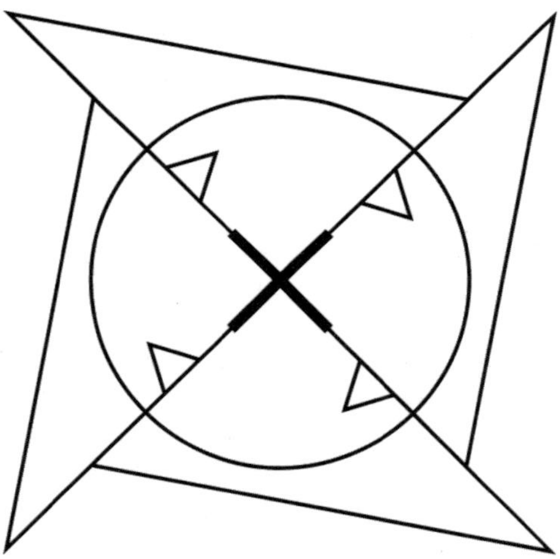

Roda Rúnica para Quebrar um Feitiço

Se acreditar que você foi alvo de uma maldição, vá a uma encruzilhada e desenhe a roda anterior com um punhado de terra de um cemitério. Afaste-se sem olhar para trás. Você deixará a maldição nessa encruzilhada voltar a terra sem maiores danos.

Essa roda rúnica específica que quebra os feitiços é composta de *ken*, *thurisaz* e *uruz*, que juntas apresentam a imagem do poder transformador do relâmpago e uma tempestade seguindo seu curso, dizendo: "A luz afasta o mal. Essa força está dominada".

Para Controlar o Clima

Explico aqui como fazer uma varinha mágica para estourar nuvens ou uma varinha que o ajudará a controlar o clima de outra forma. Note que controlar o clima, embora seja uma prática antiga, não acontece sem seus enigmas éticos. Se você alterar o clima, muitas outras pessoas podem ser afetadas, e até as alterações no clima local podem afetar os sistemas climáticos globais. Alguns acreditam que entidades temperamentais, cujo domínio é o clima, podem se tornar arteiros ou perversos para com aqueles que trabalham com magia climática. Se você optar por tentar controlar o clima, aconselho que faça isso com muito cuidado e consideração, bem como com orações, para que essa alteração não traga mal a nada, nem a ninguém. Dito isso, a informação sobre como fazer uma varinha para controlar o clima se encontra por propósitos educativos.

Fazer uma varinha rúnica é bem parecido com fazer um cajado, então, volte ao exercício anterior para ter informação sobre como escolher a madeira. Na minha tradição religiosa, uma varinha costuma ter o comprimento equivalente à distância do cotovelo às pontas dos dedos. Um folclore climático local curioso da minha região diz que uma flauta feita de caule de cavalinha chamará os ventos. Você pode usar uma flauta de cavalinha como uma varinha, ou escolher um tipo de madeira que for sagrado e prático para você. Entalhe a roda rúnica com cuidado ao redor da varinha (ela deve envolvê-la como um adesivo circular), mas lembre-se de entalhar as runas em ordem.

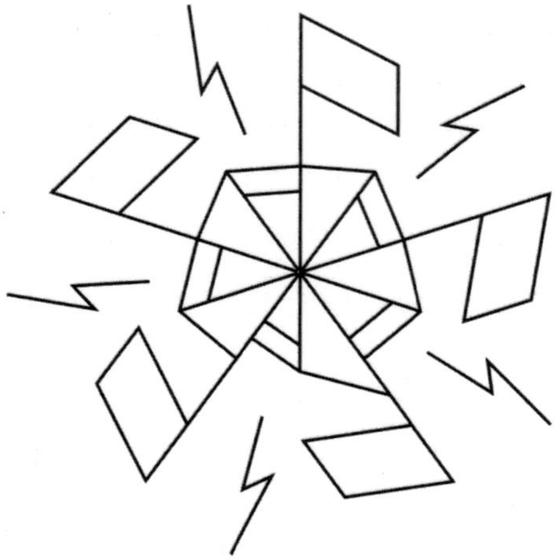

Roda Rúnica Mágica Climática

Este exercício espiritual utiliza uma roda rúnica com *ansuz*, *uruz*, *hagalaz* e *sowilo*, entalhadas nessa ordem. A metáfora para essa roda rúnica e a varinha do clima criada por ela é esta: "Conselheira das bênçãos da chuva, do granizo e da luz solar". Observe que cada exemplo da energia chuvosa de *uruz* e do poder destruidor do clima de *hagalaz* é contrabalançado tocando-se tanto a orientação divina de *ansuz* como a luz solar de *sowilo*. Lembre-se de ler os glifos na ordem, do centro da roda para fora, sempre que olhar para a roda. Note, também, que *isa* pode ser vista por toda a roda. É claro que é fácil ver uma linha reta em qualquer lugar, mas é particularmente significativo que a runa que representa o gelo estaria aqui para deter o clima natural no caminho que ele estava fazendo para seguir sua própria deliberação.

Para Afastar Más Influências

Aqui está um exercício simples que utiliza uma runa de ligação para afastar influências malignas específicas. Recomendo que você crie sua própria runa de ligação usando *ansuz* e uma runa que seja específica a qualquer perigo que temer. Como um exemplo, combinei as runas *ansuz* e *thurisaz*. A primeira runa oferece uma proteção estável e amigável, enquanto a segunda disponibiliza uma influência protetiva, assim como o espinho protege a rosa, além de representar o perigo do qual você deve ser protegido.

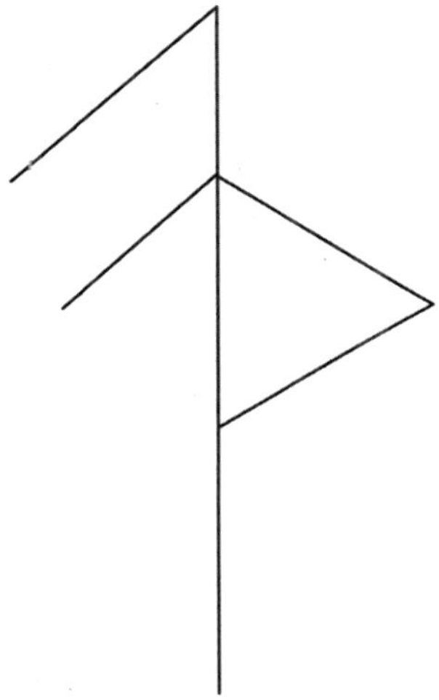

Runa de Ligação para Afastar o Mal

Para este exercício espiritual, pedirei que você se afaste das regras rúnicas comuns e não corte essa runa de ligação, pois a sugestão é usá-la no dorso da sua mão. Mesmo se estiver disposto a se cortar, isso provavelmente arruinaria esse trabalho espiritual específico, por causa da dor e do dano infligidos. A colocação no dorso da mão é visível, se você quiser, e representa uma bofetada protetora nos seus inimigos. Em vez disso, sugiro que você escreva essa runa de ligação com tinta vermelha ou preta no dorso da sua mão. Se não tiver vergonha de mostrar as runas, escreva a runa de ligação com uma caneta permanente. Se quiser manter sua magia protetiva oculta, escreva a runa com uma caneta lavável e, depois, retire de suas orações e oferendas. Lavar a tinta é uma técnica de sigilo usada pelas bruxas que funciona muito bem para mim.

Para Invisibilidade

Esta runa de ligação não torna alguém invisível, na verdade, mas reveste o que tiver este sinal com a energia que diz aos espectadores ao redor "isso não é seu". Usei esta runa em diários particulares para que, se por acaso alguém os encontrasse, nem se daria ao trabalho de pegá-los e lê-los. Você pode certamente usar esta runa de ligação como um emblema, se quiser ser deixado sozinho no escritório para fazer seu trabalho, em vez de ser incomodado o tempo todo por colegas bem-intencionados. No entanto, fique sempre atento se resolver carregar esta runa de ligação em si, senão você será ignorado em uma emergência. Nunca carregue esta runa em um carro. Um policial pode não notar você ultrapassar o limite de velocidade, é claro, mas você pode ser atingido por um carro cujo motorista não o viu.

A runa de ligação para a invisibilidade, ou "isso não é seu", é uma combinação de *mannaz*, *neid*, *pertho* e *tiwaz*. As runas levam em consideração o elemento do acaso para fazer a runa de ligação ser ignorada em troca de coisas mais importantes. Anote a runa com uma caneta em qualquer objeto que você queira manter privado. Não tem problema omitir o entalhe dessa runa de ligação, mas carregue as runas, por favor, para que você direcione essa energia poderosa de si mesmo para o símbolo.

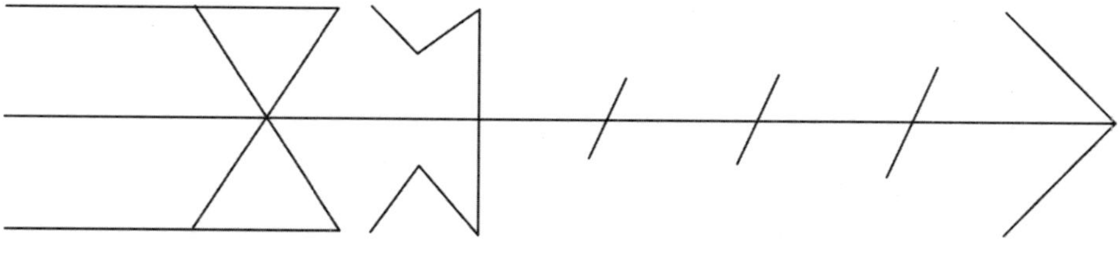

Runa de Ligação de Invisibilidade

Lembre-se de que, em alguns casos, você pode achar que precisa de invisibilidade, mas, na verdade, necessita de proteção.

Quando eu estava no colégio, tentei me tornar invisível, porque queria evitar os olhos dos valentões, que, por acaso, eram professores. Certamente minha magia funcionou. Fui seguramente ignorada pelos professores que antes pareciam me perseguir. Contudo, também não recebia a ajuda de que eu precisava nas matérias em que tinha dificuldade. Era impossível para mim também fazer amigos no colégio, nem conseguia passar o tempo com meus amigos enquanto estava na escola. Sentia-me isolada e passei meus anos de ensino médio brincando de pega-pega com amigos fora do colégio. Mais do que a invisibilidade, eu poderia ter usado proteção e empoderamento. O que estou tentando dizer é que você não deveria usar os poderes da invisibilidade para evitar problemas que podem ser solucionados com a comunicação.

Para Cegar Espadas ou Acalmar Confrontos a Seu Favor

As runas são conhecidas por ter o poder de tirar o corte das lâminas das armas inimigas. Como nunca estive em uma luta de espadas, não tive a oportunidade de testar isso. Todavia, cegar espadas também pode ser uma metáfora para virar as probabilidades do resultado de um confronto ao seu favor, embora não influencie diretamente a vontade do outro. Para muitos praticantes modernos que usam as runas para criar uma mudança espiritual, parece eticamente errado mudar de forma direta a mente ou as emoções do outro. Alguns acreditam que essa transferência forçada do controle possa sair pela culatra, ou fazer a pessoa que está realizando a coerção experimentar efeitos negativos semelhantes na sua vida, como um reflexo do que foi projetado para o universo. Uma lei da atração mágica afirma que a energia espiritual atrai mais de seu mesmo caráter, à medida que você trabalha com ela, por isso usar a energia de controle atrairá mais pessoas controladoras e fatores situacionais na sua vida. Dedique-se a esse trabalho espiritual com cautela e pondere sobre ele em oração.

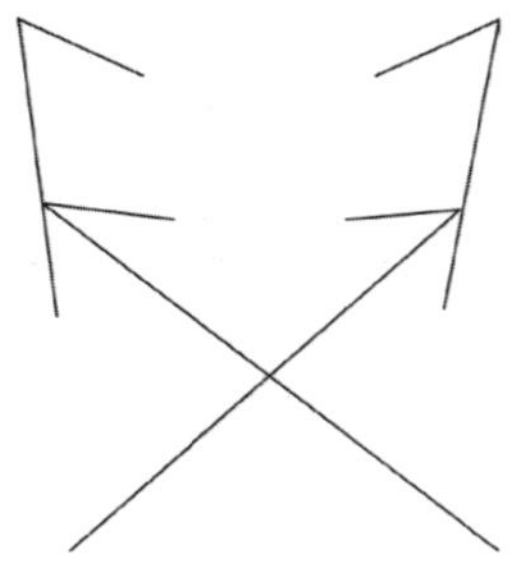

Runa de Ligação para Cegar Espadas

Este exercício dedica-se à área ética de persuadir gentilmente seu oponente a mudar a opinião dele, ou tática, que afeta o ambiente ou a situação. Uma sugestão de runa de ligação para a metáfora "Cegar a espada do meu oponente" é cruzar dois glifos de *tiwaz*, que representam o conflito, e colocar sobre elas a energia pacífica e protetiva de *laguz*, para pôr amor e reconsideração em jogo. Note que, a menos que você realmente entalhe essas runas na arma do seu inimigo, usar e empoderar essas runas também fará você ser mais pacífico no conflito. Espero que este exercício o ajude a considerar que, quando você usa as runas, está mudando seu eu interno, tanto quanto altera seu mundo externo.

Para Atrair Amor

Anotar o que quer é uma forma maravilhosa de esclarecer suas necessidades, independentemente se você usa as runas para fazer a escrita. Minha mãe me contou sobre como ela anotou os aspectos do marido que queria, e como mágica esse homem apareceu na sua vida. Ela acreditou que poderia ter inadvertidamente causado um milagre espiritual pelo simples ato de anotar o que desejava. Seu marido atendia a cada uma das qualidades de sua lista para um companheiro perfeito. Ela certamente não o conjurou, nem o forçou a amá-la com um feitiço. Em vez disso, concentrando sua energia nas suas necessidades, ela pintou um grande alvo cósmico em si para atrair para sua vida pessoas que tivessem essas qualidades, ou talvez para ajudá-la a notar onde elas estavam no mundo ao seu redor.

Assim como muitos praticantes espirituais consideram impróprio forçar seus inimigos a abaixarem as armas diretamente, também é eticamente complicado realizar qualquer forma de magia amorosa. Forçar alguém a amá-lo tira a força de vontade desse indivíduo e a chance para essa pessoa de descobrir como é amar alguém por vontade própria. A magia amorosa também pode resultar facilmente em obsessões ou até ódio. Por ser uma vidente, entendo que muitos dos meus clientes desejam o amor de certa pessoa inatingível. Em geral, é um ex-namorado ou ex-namorada, mas, certamente, um ex é um ex por um bom motivo. Quando adolescente, também ficava desesperada para meus amores platônicos retribuírem meu afeto. Por sorte, para mim, nessa época, uma amiga sugeriu a ideia de atrair o amor para minha vida de uma forma geral, em vez de mirar em uma pessoa específica. Os benefícios espirituais de atrair amor não apenas permitem que uma pessoa atinja o objetivo de estar em um relacionamento amoroso, como também podem ter bons efeitos colaterais de torná-la mais amável e criar, em geral, amor e harmonia entre familiares e amizades que cercam a pessoa.

Essa aplicação utiliza a prática rúnica de escrever em objetos com algo além de linhas retas da esquerda para a direita. As pessoas que usavam as runas como uma escrita, muitas vezes, escreviam para cima e para baixo, ou escreviam as linhas em camadas, indo primeiro em uma direção, digamos, da esquerda para a direita e, depois, na outra, da direita para a esquerda. As runas às vezes rodeiam túmulos ou outros monumentos, para formar lindos desenhos. No caso deste exercício, você escreverá as runas no desenho de uma espiral que se enrola do centro para fora e, então, vira e volta para dentro como um labirinto.

O ato de escrever um mantra ou metáfora repetidos é algo praticado em muitas tradições religiosas. Neste exercício, nós partiremos novamente da tradição de cortar as runas porque, para um iniciante, este volume de trabalho rúnico é mais bem realizado com caneta e papel. Você precisará de um pedaço circular de papel branco e uma caneta vermelha. Pode ser até um pedaço regular de papel sulfite cortado em círculo, mas, quanto maior for o pedaço de papel, mais valioso se torna este ato meditativo, porque tomará mais do seu tempo.

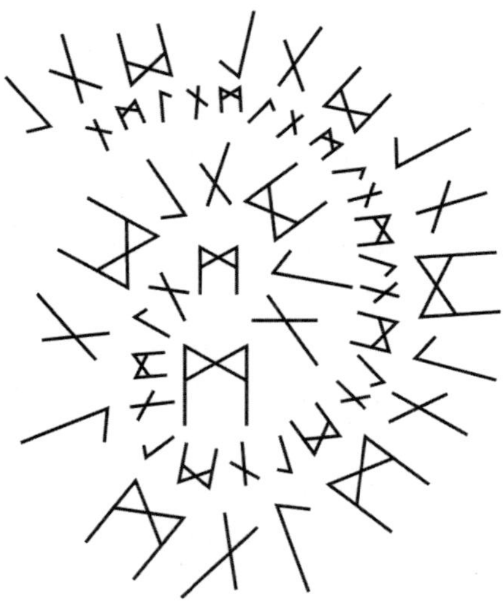

Para Atrair Amor

Partindo do centro do pedaço de papel, comece a escrever esta sequência de runas: *mannaz*, *neid*, *laguz*. A metáfora para isso é: "Eu preciso de amor". Tecnicamente, significa "a humanidade precisa de amor", mas, neste caso, *mannaz* representa você. Se tiver uma runa pessoal, runa de ligação ou outro sigilo, pode usá-los, se preferir. Escreva a sequência rúnica várias vezes e sem espaços ou pontuação. Enquanto escreve, curve a linha e vire o papel para que a sequência gire em uma espiral crescente no sentido anti-horário na página. Deixe um grande espaço entre seu braço e o anel externo, para que você consiga encaixar a fileira de volta quando chegar à margem da página. Quando atingir a margem, mude a ordem dos glifos para *laguz*, *neid*, *mannaz*, enquanto a espiral se volta para dentro. A metáfora mudou para: "O amor precisa de mim". Coloque o pedaço de papel completo debaixo do travesseiro, dentro da fronha. Quando começar a ver os resultados do amor sendo atraído para sua vida, queime o papel como uma oferenda e saiba que os efeitos serão intensificados pelo poder transformador das chamas.

Para Conversar com Pássaros

Quando eu era criança, minha mãe me contou uma lenda do folclore que diz que, se você polvilhar sal na cauda de um pássaro, ele será seu. Tenho certeza de que a ideia por trás disso é que pode ser mais fácil capturar os pássaros se suas caudas, usadas como lemes para o voo, fossem desativadas de alguma forma com pilhas de sal. Mas, na minha cabeça de criança, o saleiro se tornou uma ferramenta mágica que faria o pássaro me amar para sempre. Eu passava horas espiando os pássaros para polvilhar sal nas suas caudas, chegando tão perto deles que poderia facilmente ter capturado um com uma das minhas redes para pegar borboletas. Nunca capturei um pássaro usando apenas sal, e o sal não impedia em nada seu voo, nem o fazia querer ser meu amigo, apesar de eu ter quase totalmente salgado muitos pássaros confusos e distraídos.

As runas também são ferramentas lendárias para domar pássaros. Se você vir este mito como mais uma metáfora, o pássaro em si é um mensageiro simbólico. O exercício espiritual para conversar com pássaros é uma metáfora para conseguir se comunicar com clareza e eficiência até por longas distâncias. Colocar uma intenção clara nas runas para comunicar sua mensagem é uma forma maravilhosa de se incentivar a apresentar seu recado da melhor maneira possível. Você pode usar este exercício quando for se candidatar a um emprego; se estiver esperando uma ligação telefônica de um amor há muito tempo perdido ou de um membro da família que se distanciou; ou ainda se estiver escrevendo um livro.

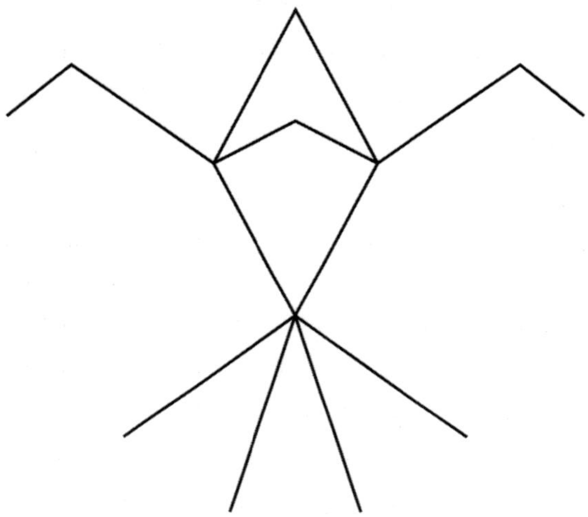

Para Conversar com Pássaros

Para este exercício, você precisará procurar uma pena de um pássaro, de preferência da cauda. Pode ser uma pena de uma ave de estimação, uma encontrada de um animal selvagem ou, até mesmo, uma comprada em uma loja de artesanato, se necessário. Você também vai precisar de um punhado de sal. Vá para um lugar ao ar livre com lama, areia ou terra. Desenhe a runa de ligação de *ken*, para comunicação, e *eihwaz*, para representar o voo dos pássaros (ou suas mensagens que você quiser que sejam comunicadas) como flechas de um arco de teixo; note que a runa de ligação se parece com um pássaro. Desenhe a runa na terra com o dedo mindinho da sua mão dominante.

Em seguida, leia a runa de ligação e posicione a pena na vertical sobre a runa de ligação na terra. Sele a pena na runa, polvilhando um pouco de sal para pintar as linhas com ele. Conforme trabalha com essa runa de ligação, visualize claramente sua mensagem transmitida para as pessoas certas no lugar e no momento corretos, permitindo-se sentir as emoções que teria se tivesse sucesso em comunicar sua mensagem. Você deixará sua runa de ligação onde a desenhou, por isso é importante não usar tanto sal a ponto de deixar a terra inóspita para plantas ou animais que possam tomar posse do lugar.

Você pode usar essa runa de ligação, ou outras que criar, para outras formas de comunicação, também. Tenho muitos amigos que ocultam runas, em seus *sites,* para intensificar a mensagem. Um modo de fazer isso é abrir um programa de ilustração para criar uma imagem do tamanho de uma das imagens do seu *site*. Desenhe o glifo com a ferramenta de caneta do programa e, então, cole a imagem comum do *site* sobre a runa de ligação carregada. Salve a imagem como a última versão, e agora você tem um arquivo de imagem empoderado com uma runa oculta que pode exibir no seu *site* para aumentar sua eficácia.

Para Aliviar o Sofrimento

Quando a tristeza ou o sofrimento me afligem, recorro à espiritualidade para me manter equilibrada. As runas podem ser um ótimo conforto, consolando a pessoa com uma sensação de empoderamento e de algo a fazer espiritualmente nas situações nas quais uma pessoa poderia se sentir desamparada. Quando meu pai faleceu, virei para meu marido e disse-lhe que precisava rezar. Passei horas em oração, devastada, porque todo o trabalho mágico de cura que eu tinha feito por ele acabou não dando certo. Foi apenas quando passei a combater minhas próprias tristezas, em vez de ficar perturbada, que consegui pensar com clareza sobre o papel que a magia rúnica pode desempenhar na espiritualidade das transições de vida e morte.

Agora, acredito que as runas podem ajudar a manter alguém vivo, assim como um respirador em um hospital pode auxiliar alguém a se agarrar à vida, mas essas intervenções nem sempre são o melhor, nem o que a pessoa escolhe por meio de sua força de vontade. Às vezes, tudo o que você pode oferecer a entes queridos que estejam passando por um problema é seu amor e energia positiva, deixando o resto para eles e o universo. Uma das minhas poetas espirituais favoritas, chamada Gwen Thompson, escreveu uma misteriosa metáfora para o sofrimento que me ajudou a conceituar este exercício espiritual: "Quando o infortúnio chegar, a estrela azul em tua fronte deves usar".

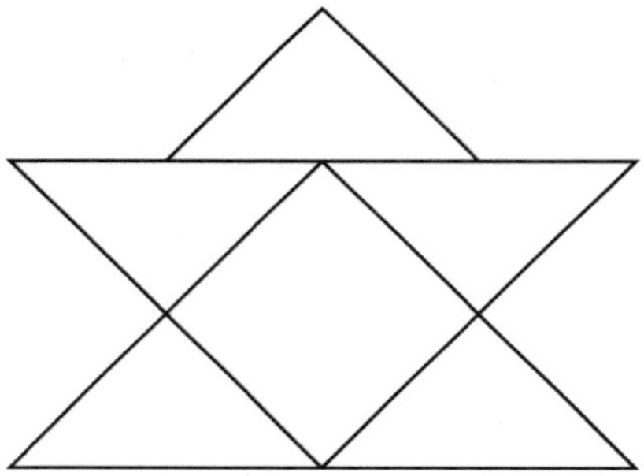

Para Aliviar Sofrimentos

Se quiser entalhar as runas, faça para si uma tiara com um metal flexível, risque as runas na tiara e pinte-as com tinta azul. Uma forma mais simples de realizar este exercício é usar maquiagem para desenhar temporariamente as linhas na sua testa e em seguida apagá-las, depois de resolver não usar mais a runa de ligação. Você pode deixá-la aí durante o dia, ou por uma noite, ou apagá-la assim que terminar de criá-la, enquanto se lembra da marca na sua tela mental sempre que olhar no espelho, até sua tristeza diminuir. A runa de ligação que sugiro é uma combinação de dois glifos de *wunjo* de ponta-cabeça e virados um para o outro, mas com as pontas inferiores coladas, um glifo de *berkanan* com as pontas para baixo e um glifo de *ken* em cima da estrela. De baixo para cima, eles representam a alegria divina surgindo a partir da tristeza por intermédio do cultivo do amor e elevando-se como um fogo interno. Quando lidos de cima para baixo, podem representar o fogo do amor divino fomentando a alegria por meio de você aqui na Terra. A estrela que formam funciona como qualquer outro sigilo, e significa proteção do infortúnio, para adicionar poder às runas. Enquanto desenha a runa de ligação, concentre-se na sua própria fonte divina de forma interior espiritual.

Para Cura

As runas podem ser usadas para cura em variadas formas, e muitas combinações de runas também podem ser usadas para curar. Eu o aconselho a experimentar com suas próprias runas de ligação e alfabetos rúnicos que você associe com a cura e tentar diferentes técnicas para aplicar as runas nos objetos para a pessoa que precise de cura. As runas podem ser entalhadas nos ramos de flores levados para alguém no hospital, desenhadas no ar sobre as medicações com a ponta do dedo, ou até bordadas em um cobertor. Mais uma vez, muitas combinações de runas podem ser utilizadas, e o incentivo a descobrir as suas. Gosto de fazer uma pequena roda rúnica de *fehu* e *dagaz*, porque ela me lembra de um pequeno cântico de cura em espanhol que minha filha me ensinou que, em uma tradução livre, diz: "Sare. Sare. Se não estiver bem hoje, estará amanhã".

Gosto de usar rodas rúnicas para cura, imaginando que estou pintando um alvo para ela. Algumas pessoas acreditam que a cura é uma energia que pode ser concedida a uma pessoa pela divindade, já outras creem que a cura vem de dentro. Os desenhos visuais interno e externo de uma roda rúnica podem evocar pensamentos de um desses processos, ou dos dois, dependendo do que funcionar para você. Esta roda rúnica tem quatro raios radiados.

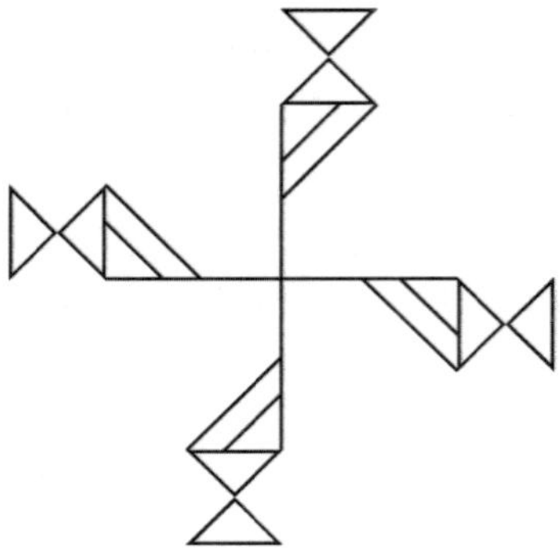

Elmo do Temor para Cura

Sugiro dois usos para este elmo do temor. Se estiver pedindo cura, vá até uma árvore, de preferência uma bétula (que representa a força revigorante de *berkanan*), e entalhe o elmo do temor na casca do lado sul da árvore, que recebe a maioria dos raios de cura do Sol. Quando você rezar, pense em pedir para a árvore agir como a árvore mundial e entregar a cura que está no universo ao seu devido lugar. A conexão entre a Mãe Terra e o Pai Céu aqui ajudará na cura natural para quem precisar dela.

Para quem for prestador de cuidados de saúde, ou quiser ser curador, tenho mais um uso para essas runas. Marque na unha do seu dedo anelar uma runa de ligação de cura mais simples e pinte a unha com esmalte. Sugiro usar uma ferramenta que não seja afiada demais para fazer a marcação, como um clipe de papel torto. Você não quer se machucar; apenas arranhar um pouquinho a superfície da unha. Se quiser usar as runas como um desenho decorativo na unha, pode pintar a runa de ligação em todas as unhas. Ou, então, se desejar ocultar a runa, pode utilizar tinta lavável, em vez de esmalte, lavar e, então, passar um esmalte claro, ou de outra cor qualquer, sobre a runa gravada, ou ainda um óleo para as cutículas, para ocultar sua presença.

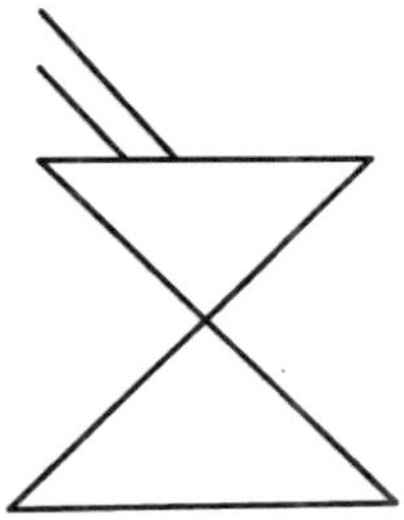

Runa de Ligação para Cura

Para Acalmar os Sentidos

Como mãe de duas crianças em idade pré-escolar, tenho um trabalho árduo em se tratando de manter a calma em um ambiente caótico. Minha casa é barulhenta e bagunçada, e às vezes a birra de uma criança me leva a ter meu próprio surto imaturo. Preciso de toda a minha força de vontade para conter minha raiva ou decepção para tentar ensinar meus filhos a serem pessoas civilizadas. Às vezes, apenas perco a minha calma.

Uma habilidade vital para qualquer um que trabalha com as runas é a de purificar sua mente e a paisagem emocional interna, a fim de se permitir canalizar os sentimentos e a energia de cada runa. Eu definitivamente entendo que ficar sentado, nem que seja por apenas alguns longos segundos, em meditação silenciosa, é um desafio para o iniciante. Lutei para dominar a meditação por toda a minha adolescência, com pouco sucesso. Embora estivesse convencida de que a meditação, por apenas cinco minutos, era uma tentativa lamentável, era o máximo que conseguia fazer em um dia bom. Em retrospecto, percebo agora que cinco minutos de meditação podem ser uma conquista para todos. Usar as runas pode ajudá-lo a se acalmar, e se centrar pode auxiliá-lo a melhorar na meditação e aumentar a eficácia de todos os exercícios espirituais realizados com as runas.

Para esta prática espiritual, você precisará de cúrcuma seca em pó, uma erva associada com cura, paz mental e espiritualidade. Ela pode ser encontrada na seção de temperos ou de alimentos a granel do seu mercado. Misture a cúrcuma com algum pó vermelho seguro para a pele, como o pó de kumkum, encontrado, em geral, em um mercado de produtos indianos, *blush* ou sombra vermelhos. Você fará um lote de pó mágico para utilizar em muitas ocasiões. Na primeira vez, faça uma porção pequena usando apenas um quarto de xícara de cada pó, se quiser. Quando desejar acalmar seus sentidos e ficar mais tranquilo, misture um pouquinho do pó com azeite e o aplique na testa, entre os olhos.

Para Melhorar a Memória, o Discurso e a Acuidade Mental

Sou uma pessoa desligada, distraída. Quando criança e, mais tarde, na vida adulta, os médicos diagnosticaram minha incrível habilidade de realizar muitas tarefas ao mesmo tempo como transtorno de déficit de atenção/hiperatividade, mas gosto de pensar no meu avoado cérebro geminiano como um ponto forte. Pensar rápido, bem como conectar muitos pensamentos relacionados, me torna uma professora melhor, porque não consigo continuar falando tempo demais sobre um assunto, a ponto de meus alunos ficarem entediados. Usar o poder das runas para aumentar a concentração, entretanto, pode ajudar consideravelmente na minha escrita e na minha vocação como mãe. Não sei dizer quantos minutos da minha vida passei de pé na frente da despensa, perguntando-me qual ingrediente ou alimento estava prestes a escolher.

Gosto de um exercício espiritual útil com runas para produzir um objeto rúnico igualmente prático. Aqui vão algumas instruções simples para fazer um talismã rúnico. Ele pode ser feito para qualquer propósito que quiser, mas acho que é maravilhoso ter um à mão para usar como um pingente sempre que precisar de uma ajuda extra para o cérebro. Tenho alguns talismãs rúnicos para vários propósitos pendurados no meu armário. Sempre que necessito do auxílio das runas para um desafio específico que aparecer no dia, posso pegar um talismã antes de sair pela porta de manhã.

Acredito, por vários motivos, que os melhores talismãs rúnicos são aqueles feitos de madeira. Primeiro, você pode realizar todos os procedimentos rúnicos necessários, incluindo o entalhe. Segundo, as associações de runas com madeira e com a árvore mundial aumentam o poder do exercício espiritual. Terceiro, um talismã rúnico cuidadosamente lixado deixa uma sensação gostosa contra a pele, quando usado como pingente. É reconfortante manusear meu talismã até ele ficar bem untado com meus óleos para a pele. Por fim, a técnica para produzir um talismã de madeira é idêntica àquela, no capítulo 6, para fazer runas. É só fazer um furo ou adicionar um fecho para deixá-lo pendurado em um cordão ou uma corrente. Na verdade, quando fizer as runas, você pode guardar as pontas cortadas dos ramos que está usando para cortar as runas para futuros talismãs. Minhas runas sugeridas para melhorar a memória, o discurso e aumentar suas forças mentais são *mannaz*, *ansuz* e *sowilo*. Note que *ingwaz* se forma no centro entre os dois símbolos da runa *mannaz*, iniciando a energia sempre que você olhar para a imagem.

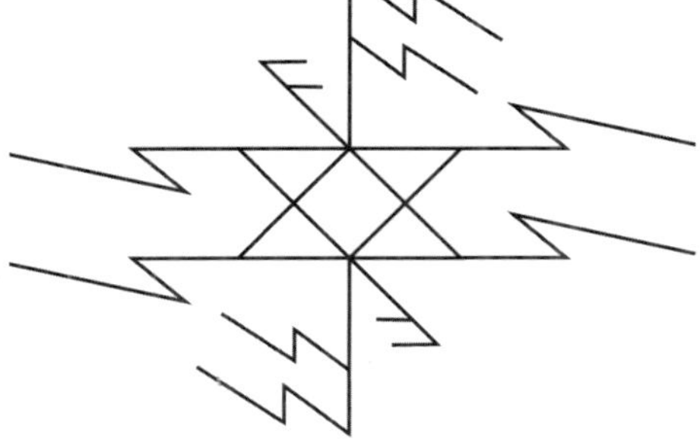

Para Melhorar a Memória, o Discurso e a Acuidade Mental

Sorte e Vitória em Jogos

Acredito que as runas sejam auspiciosas, e adoro transformá-las em amuletos de boa sorte para fins específicos. Para sorte com dinheiro, coloco na minha carteira um pedaço de papel com uma runa. Para ter boa sorte ao dirigir, livrar-me de tráfego pesado e de acidentes, posso desenhar uma runa rapidamente no painel do meu carro. A runa *pertho* fala especificamente de jogos de azar, visto que alguns runólogos acreditam que esse glifo represente um copo de dados. Para este exercício espiritual, vou combinar as runas com o folclore comum a respeito da sorte. Usar as runas pode não o ajudar a ganhar na loteria, mas todos poderiam ter um pouco mais de sorte neste jogo de azar que chamamos de vida.

Para este exercício espiritual, você vai precisar de uma moeda. É melhor realizar esta atividade em um domingo, visto que esse dia costuma ser associado com o sucesso. Você cortará ou rabiscará *pertho* na moeda. Se for jogar um jogo de azar com dados, esfregue a moeda neles antes de jogá-los. Em vez de apenas pintar a runa na moeda, pinte-a também nas solas dos seus pés, para que a sorte possa caminhar com você por onde for. Leve a moeda para fora e jogue-a no chão, pisando nela até ficar enterrada na terra. Se for mais prático, tire o sapato e use seu pé para pisar na moeda para que as runas pintadas nos seus pés entrem em contato com ela. Sem olhar, pegue a moeda de volta, coloque-a no bolso e saia sem olhar para trás. Carregue a moeda consigo como um amuleto. Se ganhar dinheiro com seu amuleto da sorte, doe uma parte dos seus ganhos aos pobres como uma oferenda de agradecimento.

Para Proteger uma Casa da Má Sorte ou de Invasores

É possível que a construção angular e a decoração externa das casas dos povos alemães possam ter escondido runas à plena vista. Em muitas culturas, é prática antiga amaldiçoar potenciais intrusos com um amuleto de proteção antes que ocorra qualquer invasão. Lembre-se de que alguns professores espirituais acreditam que qualquer energia negativa pode refletir de volta em você, se a usar. No entanto, como utilizar a negatividade para afastá-la é uma prática testada e comprovada em diversas culturas, darei um exemplo aqui. Se você quiser evitar usar a negatividade, substitua *algiz* pela seguinte runa de ligação.

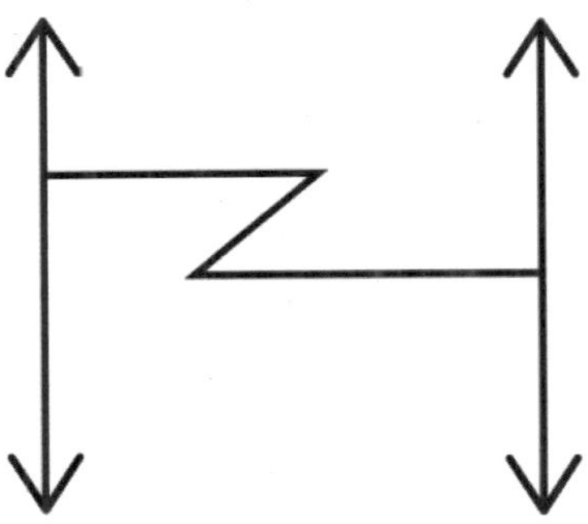

Runa de Ligação para Defesa da Casa

A runa de ligação indicada aqui é uma combinação de *sowilo*, *hagalaz* e *tiwaz*. Combinadas, elas são um sigilo poderoso para a metáfora: "Poder concedido à justiça que destrói inimigos". Coloque esta runa em um material da sua escolha e aplique-a na lareira da sua casa, se tiver. Pode colocá-la no revestimento da lareira ou pendurá-la como uma meia de Natal. Se não possuir uma lareira, coloque a runa na cozinha. Antes do aquecimento central e dos fogões elétricos, a lareira era o coração e a vida de um lar, e era usada tanto para aquecimento quanto para cozinhar os alimentos. Outra possibilidade de posicionamento para esta runa é por meio de um entalhe no batente ou na soleira da porta.

Para Celebrar os Mortos

Temos muitas evidências arqueológicas de que, no passado, as runas foram escritas nas lápides. As runas eram uma forma maravilhosa de se conectar com espíritos ou memórias daqueles que faleceram, porque representam as histórias, as ideias e as experiências que compartilhamos nesta vida. Pode ser que você não tenha a liberdade ou a habilidade de gravar meticulosamente as runas nas lápides de seus antepassados ou amigos. Para celebrar os mortos, costumo recorrer ao simples ato multicultural de propor um brinde ao ente querido falecido.

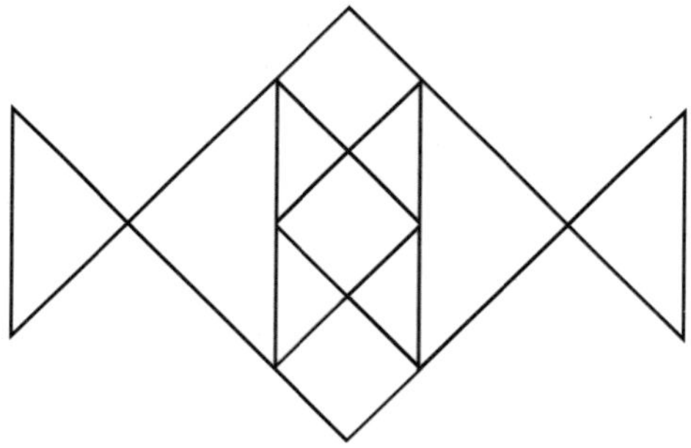

Runa de Ligação para Homenagear um Antepassado

Para celebrar um ente querido falecido com um brinde, você vai precisar de uma taça e de uma bebida da sua escolha. Pode usar uma taça de madeira, para entalhar as runas de forma permanente, ou apenas tracejá-las com um dedo na condensação de um copo que tenha sido mantido no congelador para esse fim. Dentro da taça, ao longo da borda, escreva o nome do falecido com as runas. Use a bebida para delinear com exatidão as letras já escritas, para que você escreva cada runa duas vezes, imitando as ações de entalhar e depois pintar as runas. Lembre-se de que você soletrará o nome da pessoa foneticamente e sem usar espaços. Se não tiver uma pessoa específica em mente, ou não souber o nome do falecido, sugiro usar uma frase como: "Aos meus antepassados, conhecidos e desconhecidos". Os falecidos nomeados e não nomeados podem ser representados por *othila* e *dagaz*. Com meu desenho de runa de ligação, pretendo evocar a mitologia de nascimento, amor, morte e renascimento, enquanto ainda for simples o bastante para entalhar ou desenhar em uma taça.

Como Levar Runas de Sucesso para o Local de Trabalho e Outros Truques Úteis

Conseguir escolher a decoração do seu local de trabalho é uma liberdade que o incentivo a expressar. Você pode ativar as runas e outros símbolos significativos no seu trabalho. Quando eu era criança, meus pais tinham seu próprio negócio. Fiz um sigilo *fehu* para minha mãe, e ela o colocou ao lado do computador, para estimular o sucesso financeiro da empresa. Por trabalhar como vidente, se quiser, posso exibir runas e outros símbolos por todo o meu espaço de trabalho. Entretanto, as runas não precisam ter uma aparência extremamente oculta para serem eficazes.

Você pode certamente esconder *fehu* embaixo do seu teclado, ou deixá-la em segredo na sua bolsa ou dentro da agenda. Por serem desenhos angulares agradáveis esteticamente, as runas também podem ser escondidas em plena vista. Note como a runa *fehu* repetida pode se tornar uma borda para um porta-retrato ou para artigos de papelaria. Como se pode ver nos exemplos de runas de ligação neste livro, existem muitas formas de combinar as runas para ocultar mais seus significados para os outros, enquanto, ao mesmo tempo, os realça para si. Se colegas curiosos procurarem por imagens de runas na internet, eles não necessariamente conseguirão apontar uma runa de ligação. A menos, é claro, que já estejam bem familiarizados com as runas e, por isso, sejam favoráveis ao seu uso.

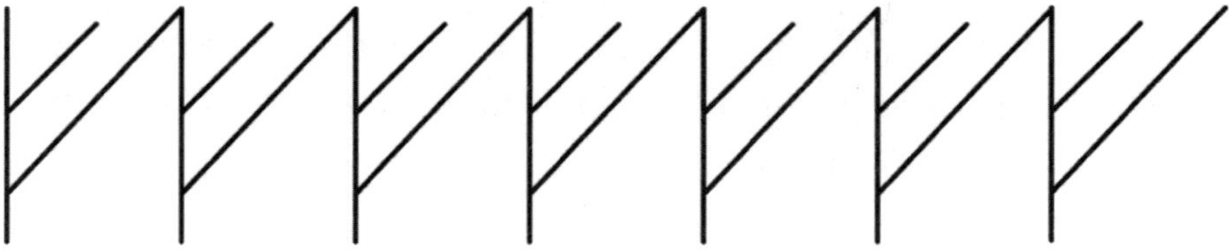

Exemplo de Borda com Fehu

Capítulo 6

Como Fazer das Runas Seu Sistema Divinatório Personalizado

Na infância, eu era obcecada por códigos e idiomas secretos. Tinha um conjunto de carimbos com hieróglifos egípcios que usava para preencher com eles folhas de papel. Decorei o código Morse e passava horas, com uma lanterna, enviando sinais para amigos no escuro. Sentia-me atraída por livros de histórias que incluíssem alfabetos especiais, como a coleção de livros *Dinotopia*, de James Gurney. Em uma festa de aniversário, criei meu próprio alfabeto criptografado, e meus pais imprimiram pequenas folhas com ele para todas as crianças, para que elas conseguissem decodificar as dicas para uma caça ao tesouro. Imagine meu prazer quando, já na fase adulta, tive noção de que várias pessoas inventam seus próprios alfabetos especiais para aprender mais sobre si, manter secretas as coisas privadas e prever o futuro com novos sistemas adivinhatórios.

Como Comprar Runas

Receber um conjunto de runas de presente dá boa sorte. Os jogos podem ser comprados na internet ou em lojas de produtos esotéricos. O jogo mais comum disponível é o de runas em Futhark Antigo. Se você não souber quais tipos de runas escolher, o Futhark Antigo é um bom lugar para começar. Ele será familiar a outros aficionados, se você se deparar com algum, e se ler mais literatura avançada sobre as runas, provavelmente ele estará incluído.

Alguns preferem escolher as ferramentas divinatórias pessoalmente, em vez de comprá-las na internet ou esperar para as receberem de presente. A teoria por trás disso é que a essência ou energia das runas podem ser sentidas pelas mãos ou outras percepções sensoriais. Para usar este método de escolha das runas, vá a uma livraria de livros esotéricos que forneça runas e passe suas mãos sobre os jogos disponíveis. Você pode sentir qual jogo é melhor para você como um calor, um frio, uma sensação de coceira, penugem ou, simplesmente, um pensamento interno de que aquele parece ser o certo. Em alguns sistemas de crenças, dá azar pechinchar por uma ferramenta como essa, então pague o preço anunciado, mesmo se pedir descontos for algo que você costuma fazer.

Como Fazer as Runas

Para fazer seu próprio jogo de runas, você vai precisar escolher primeiro o material de base no qual marcará as runas. Isso pode depender de quais runas escolher. O maior alfabeto rúnico é o anglo-saxão, com 33 caracteres, ao qual algumas pessoas acrescentam uma runa branca. O menor sistema rúnico é o das Runas das Bruxas, com 13 runas. Obviamente, você não quer escolher pedaços de ouro para suas runas, ou irá à falência. Mais uma vez, se não souber qual alfabeto rúnico escolher, selecione o Futhark Antigo, para o qual você precisará de 25 bases rúnicas, se incluir a runa branca opcional. Seus materiais de base também deveriam ter, todos, mais ou menos o mesmo tamanho e formato. Conforme vai se acostumando com suas runas, você não vai querer começar a identificá-las inadvertidamente pelo tato ao selecioná-las. Mantenha o processo de seleção das runas durante a adivinhação o mais aleatório possível, e não permita que os formatos básicos das runas as denunciem enquanto as pega com sua mão.

As runas podem ser feitas de argila, pedra, madeira, chifre de veado, ossos, azulejos de cerâmica, cristais, resina, caroços de frutas, entre outras coisas. Considere a viabilidade e a durabilidade quando escolher. As minhas primeiras foram feitas de pedras que encontrei fora da minha casa e usei uma caneta permanente, o que não recomendo, porque a oleosidade na sua pele apagará as marcações com o tempo. Da mesma forma, tintas provavelmente vão lascar quando uma runa bater na outra. As mais duráveis são aquelas com marcações entalhadas ou gravadas em suas bases.

Aquelas feitas de pedra são o tipo moderno mais popular, embora as runas antigas fossem provavelmente feitas de madeira. Você pode comprar pedras polidas, deixar suas rochas ao natural ou usar um polidor de pedras para polir as suas. Busque, também, na internet, as associações com as gemas semipreciosas comuns. Ametistas, por exemplo, correspondem bem com runas para cura. Você também vai precisar de uma ferramenta rotativa com uma ponta para cortar ou entalhar. Além disso, pode querer comprar tinta à prova de água ou uma caneta permanente para preencher as marcas entalhadas. Isso as fará se destacarem.

Uma tinta mais espessa deixará as runas mais suaves ao toque, aumentando o fator aleatório da seleção. Entalhe as marcas nas pedras, uma por pedra, e deixe uma runa em branco opcional. Preencha cuidadosamente os entalhes com tinta contrastante, se quiser, e espere-os secar completamente antes de usar. A tinta pode ser da cor que você quiser. Eu não uso selagem plástica nas minhas runas porque, para mim, tocar a pedra, o osso, a madeira ou outro material é um componente importante para atingir o estado de espírito adequado.

As runas antigas podem ter sido pintadas com tinta vermelha. Você pode até pintar suas runas com seu próprio sangue, se não enjoar com isso, mas tome o cuidado de manter suas runas para si, ou lavar suas mãos e o local de trabalho quando terminar de utilizá-las. Os glifos podem ser feitos em qualquer cor única que parecer melhor nas pedras ou em outras bases escolhidas, ou selecione cores variadas que o ajudem a se lembrar dos significados. A melhor escolha é aquela cor que você associa com os significados. Para uma runa que signifique guerra, por exemplo, escolho vermelho, por associar essa cor com a imagem do sangue. A seguir, estão mais algumas associações de cores que funcionam para mim, mas, por favor, faça suas próprias associações, se as minhas conflitarem com as suas. Lembre-se de que as pedras que você escolher podem ter cores que também realcem a importância da runa.

Vermelho: guerra, conflito, paixão, sexo, violência, calor ou chama. *Fehu*, *thurisaz*, *raido*, *ken*, *tiwaz*, *mannaz*.

Rosa: amor, feminilidade, família.

Laranja: sucesso, vitória, energia, masculinidade.

Amarelo: intelecto, viagem pelo ar, estudo. *Wunjo*, *sowilo*, *ingwaz*, *othila*.

Verde: dinheiro, fertilidade, crescimento e mudança, viagem por terra, presentes, nascimento, riqueza. *Uruz*, *berkanan*.

Azul: cura, tristeza, viagem pela água, justiça, mar. *Hagalaz*, *jera*, *dagaz*, *ansuz*, *gebo*, *eihwaz*, *laguz*.

Roxo: espiritualidade, feminilidade, alegria, destino.

Marrom: natureza, terra, animais, estagnação.

Preto: proteção, equilíbrio, ocultação. *Neid, isa, pertho.*

Branco: espiritualidade, cura, proteção, estagnação, equilíbrio.

Prata: divino feminino. *Ehwaz.*

Ouro: divino masculino.

Cinza: guerra, Tyr.

Um jogo de runas negras com letras vermelhas, que for reservado para apenas falar com os espíritos, pode ser feito de qualquer material. Sugiro usar madeira escura ou tingida, ou argila de polímero na cor preta, mas você também pode utilizar vidrado cerâmico, pedras pretas ou o que preferir. A prática de jogar runas negras para conversar com os espíritos foi ensinada pela deusa Freya, que instruiu os deuses a como fazer o "sentado do lado de fora" (um tipo de meditação com sessão espírita).

As runas de argila de polímero são fáceis de fazer, se você tiver um forno. Essa argila pode ser comprada em uma loja de produtos para artesanato, moldada e, depois, os símbolos devem ser entalhados ou impressos nela. Quando escolher o formato uniforme de todas as suas bases, é melhor ter runas que caem deitadas com o símbolo rúnico para cima ou para baixo. Então, pense em algo achatado com dois lados, como uma ficha de jogo de pôquer ou uma peça de dominó. Elas podem ter bordas arredondadas ou pontudas e qualquer tamanho, dependendo da sua preferência. Leve em conta a visibilidade na seleção. Gosto de runas grandes o bastante para que eu consiga lê-las quando eu as lançar no chão mesmo se eu estiver de pé, mas é bom ter runas menores que também caibam em uma bolsa para viagem.

Também gostaria de exaltar as virtudes das runas de madeira. O freixo e o olmo são representados na mitologia nórdica, junto a muitas outras madeiras. A tramazeira é a "árvore das runas" e sua madeira é famosa por sua magia de proteção inata. O carvalho também é uma escolha popular, por causa de sua rigidez e por ser consagrado ao deus Thor, mas prepare-se para ter muito trabalho se quiser entalhar seus glifos em madeira dura. Você pode comprar peças em madeira ou cortar as suas e, então, queimá-las com uma caneta pirógrafo, disponível na maioria das lojas de produtos para artesanato. Acho que queimar a madeira é muito mais fácil, mas alguns acreditam que cortar os glifos enquanto cantam os sons rúnicos é um ato mágico por si só. Uso uma faca utilitária com uma lâmina substituível, disponível em lojas de ferragens, e dobro a ponta da lâmina com um alicate para formar um sulco para retirar pedacinhos de madeira e formar os glifos.

Ritual para Coletar a Madeira para as Runas

Galhos caídos podem ser usados para as runas, se você conseguir encontrar um pedaço com aproximadamente 60 centímetros de comprimento e de 2 a 5 centímetros de diâmetro. Depois, você o cortará em rodelas de 5 milímetros e as polirá. A única árvore que dá azar, se cortar ou queimar para fazer runas, seria o sabugueiro, por ser consagrada à Velha Mãe, Deusa da Wicca. Outras árvores são ótimas para colher os galhos, mas você deve observar os seguintes passos ritualísticos para impregnar suas runas com o respeito pela divindade.

Passo 1: selecione uma oferenda para dar aos espíritos da árvore em troca pela madeira. As oferendas tradicionais são cerveja ale ou outras bebidas alcóolicas, para os deuses, ou leite e doces, para as fadas. Uma oferenda moderna pragmática à árvore é adubo e água. Leve a oferenda, um serrote e uma fita preta com você quando for coletar a madeira.

Passo 2: encontre um lugar para coletar a madeira, e peça permissão aos donos da propriedade e à arvore para pegá-la.

Passo 3: receba permissão do espírito da árvore batendo nela três vezes e conversando com ela. Explique o que você pretende com a fabricação de runas e coloque a oferenda na base da árvore. Peça permissão à árvore para pegar sua madeira e, então, aguarde em silêncio e preste atenção por alguns minutos, se vir algum sinal de mau agouro. Se tudo parecer bem, bata no galho que vai cortar para encorajar os espíritos da árvore a saírem do tronco, então amarre a fita preta ao redor dele no lado que você vai cortar. Pense nisso como um torniquete energético.

Passo 4: corte o galho rapidamente. Agradeça à árvore. Desamarre a fita e guarde para usar no futuro apenas para este propósito. Você pode esfregar lama no "ferimento" da árvore como uma pomada curativa, se for algo prático. Então saia. Não tem problema se as criaturas da floresta mordiscarem os bolos ou outras oferendas como representantes dos espíritos das árvores. Termine as runas de madeira como você quiser, ou deixe-as ao natural. Isso é uma opção barata, durável e leve.

Outras Opções

Uma escrita semelhante às runas, a *ogham* é tradicionalmente marcada em gravetos que podem então ser lançados ou tirados aleatoriamente, como se você estivesse tirando palitinhos.

Da mesma forma que a madeira, caroços de frutas, como pêssego ou abacate, podem ser entalhados. Coma um abacate delicioso e, depois, divida o caroço ao meio com um canivete na costura natural. Cada metade pode formar duas runas. Elas podem ser entalhadas com facilidade, como batatas, quando frescas. Os caroços endurecem quando secam, e podem ser polidos e tratados com óleo ou outros finalizadores da sua preferência.

Quando criança, eu usava como pingente uma runa de proteção feita de osso e pintada de preto. Um jogo feito de ossos é uma alusão ao provável precursor da adivinhação rúnica – o ato de jogar ossos ou pedras e adivinhar o futuro a partir dos padrões nos quais eles caem. Com o simbolismo poderoso da vida e da morte, os ossos de animais parecem possuir uma energia especial. Por ser vegetariana, nem sempre tenho acesso a ossos de animais, mas sempre pego ossos secos para construir jogos de runas quando os encontro no chão. Uma caminhada em antigas terras cultiváveis, ou áreas desertas, pode render muitos ossos antigos. Eles podem ser entalhados com cuidado com uma faca ou ferramenta giratória e cobertos com polímero para preservá-los, se quiser. Tome cuidado com os jogos de runas feitos de ossos, pois ele são frágeis. Evite métodos divinatórios que envolvem lançá-los em uma superfície dura. Reserve-os para meditação, ou retire um por vez com delicadeza de um saquinho, ou jogue-os apenas sobre uma toalha de leitura grossa ou na areia suave.

Como Guardar e Proteger Suas Runas

Não se esqueça do saquinho! Não é uma parte opcional da adivinhação com as runas. Um saquinho para guardar suas runas é uma parte fundamental do sistema divinatório, pois uma forma de usá-las é misturando-as enquanto elas ainda estão ocultas dentro do saquinho e sortear uma. Às vezes, utiliza-se um saquinho preto para proteger e preservar as runas da energia externa que possa afetar suas leituras. Escolha ou faça seu próprio saquinho de um tecido que seja fino o bastante para que você possa mexer as runas com suas mãos para sorteá-las. Uma bolsinha com cordão de veludo preto é um saquinho comum e ideal para as runas. No entanto, se preferir, você pode escolher outras cores e decorá-lo como quiser. É melhor adquirir um saquinho novo, em vez de reaproveitar um antigo, porque as energias do saquinho usado podem afetar as runas.

Entre as leituras, guarde as runas no saquinho. Algumas pessoas gostam de expor suas runas à luz do luar, durante a Lua cheia, ou à luz solar, colocando-as na beira da janela ou ao ar livre. Isso é feito para carregar as runas com a energia do sucesso pela luz do Sol e com as energias que ajudam a intuição com a luz da Lua. Se resolver arranjar suas runas para coletar a energia lunar, coloque-as de volta ao saquinho depois, para preservar a pureza da energia lunar. O saquinho em si parecerá assumir vida própria depois de um tempo, criando laços com seus conteúdos, e pode parecer estranho colocar um jogo de runas diferente nesse saquinho.

Tenha um tecido no qual você possa lançar suas runas. Essa ferramenta é vital, se estiver usando runas quebradiças, feitas de pedras particularmente frágeis, ossos ou argila. Se jogar suas runas em um piso de cimento e elas quebrarem, será bem preocupante, isso sem falar no péssimo agouro dos potenciais das runas que você quebrou não serem declarados. Evite essa tragédia tratando as runas quebradiças com delicadeza e usando uma tolha de leitura grossa, na qual você pode posicionar ou lançar suas runas suavemente. As toalhas tradicionais para jogos de runas podem ter sido brancas, de acordo com Tácito, e essa cor é usada em tempos modernos também. A toalha de leitura é uma ferramenta excelente para um iniciante, pois as toalhas podem ser marcadas com seus mapas ou tiragens de runas.

Vale a pena notar que algumas pessoas escolhem nunca deixar os outros mexerem em suas runas, para manter as energias delas puramente pessoais. Esse também é um bom passo prático a adotar, se você pintou suas runas com sangue verdadeiro, pois alguns patógenos transmitidos pelo sangue permanecem ativos em sangue seco por até dez dias, e outros contaminantes poderiam permanecer virulentos por ainda mais tempo. Portanto, se você se deparar com outros aficionados por runas, é importante pedir permissão antes de tocá-las. Eu tenho jogos de runas que são seguros para os outros manusearem e deixo meus clientes à vontade para lançá-los para mim, se eles quiserem.

Uso da Criatividade com a Adivinhação Rúnica

Nós temos conexões pessoais com as runas, mas o que cada uma significa é bem estabelecido na história. Nós criamos nossas próprias interpretações e formas de entender o significado principal. Cada runa tem um sentido específico, que não muda. Mas, mesmo como um iniciante, você pode ser inspirado pelas runas a adicionar seus próprios ajustes à adivinhação rúnica, ou até inventar um sistema totalmente novo. Na verdade, como iniciante, estará livre de preconceitos e, portanto, mais propenso a inovar. Há uma analogia que gosto de usar quando ensino meus alunos: quando você aprende a costurar ou tricotar, começa com um conjunto específico de procedimentos que funciona. A partir daí, você usa sua criatividade. Quando se é iniciante, costuma-se começar com um ofício, seguindo padrões reconhecidos por funcionarem, criados por praticantes mais avançados da arte. A criatividade entra em jogo na mudança de um padrão para atender às suas próprias necessidades, ou na criação de padrões completamente novos.

Combinações entre Runas Divinatórias

Você sabe que as runas podem ser combinadas para formar runas de ligação. Até agora, você tem lido uma runa por vez na adivinhação. Elas também podem ser lidas como runas de ligação, se caírem perto ou em cima uma da outra, ou ainda se forem tiradas juntas de um saquinho usado especificamente para a leitura das runas de ligação. Tente sortear duas runas de uma vez só do seu saquinho e leia-as como se fossem uma runa de ligação. Ler os significados compostos das runas de ligação, enquanto realiza a adivinhação, pode aumentar o espectro dos significados em uma leitura.

Você precisará recorrer à própria intuição quando decidir o que duas runas significam quando elas estiverem entrelaçadas. A leitura de uma pessoa pode não ser a mesma da outra e, de fato, esse é um motivo pelo qual até hoje as inscrições rúnicas ainda confundem arqueólogos e runólogos. Você verá que o significado divinatório das runas de ligação muda, também, de acordo com o tópico ou o foco da leitura. *Fehu* e *uruz* juntas, por exemplo, pode significar a força de *uruz* ajudando no sucesso de *fehu*, em uma leitura a respeito de finanças, ou poderia significar uma vida doméstica turbulenta, em uma leitura sobre relacionamento.

A seguir, há mais alguns exemplos dos significados das combinações rúnicas. Você verá que não inclui todas as combinações possíveis, e que esses significados podem diferir dos seus. Tente anotar algumas combinações aleatórias e encontre interpretações pessoais.

Thurisaz-Ansuz: quando essas duas runas caem juntas, significa que algo que parece um infortúnio, na verdade, é uma bênção disfarçada. Se você acabou de ser rejeitado por um interesse amoroso, significa que essa não é a pessoa certa para você e alguém melhor está logo ali na esquina. Essas runas também lhe pedem para procurar oportunidades que lhe acrescente novos valores em qualquer problema. Se você se vir gritando com seus filhos, poderia usar momentos de conflito como oportunidades para confrontar suas próprias falhas e eliminá-las.

Raido-Ken: como pedra que muito rola não cria limo, você só conseguirá se curar quando seguir em frente. Por algum motivo, vem se agarrando a alguma bagagem antiga. Problemas da sua infância podem estar impedindo seu sucesso, e você precisa buscar ajuda para se tornar maior do que seu passado. Se estiver se agarrando à esperança da volta de um ex, é hora de seguir em frente.

Gebo-Wunjo: um presente surpresa trará grande alegria. Pode ser um prêmio, no seu trabalho ou na escola, por um trabalho bem-feito. Essa alegria será compartilhada com mais de uma pessoa, então você deve espalhar o amor dessa combinação rúnica. Se receber um aumento inesperado, leve sua família para jantar. Se ganhar uma festa de aniversário surpresa de um amigo, retribua o favor em uma próxima ocasião.

Hagalaz-Neid: você terá de destruir para criar. É hora de não apenas dizer adeus a algo negativo na sua vida, mas apagá-lo também da mente. Jogar fora o lixo antigo que se acumula na sua garagem. Superar o vício em cigarros. Livrar-se do que estiver no meio do caminho do estilo de vida de que precisa e merece. Não existe forma de destruir as coisas com delicadeza com essas duas runas. Você terá de remover os obstáculos e a opressão na sua vida como quem remove ervas-daninhas.

Isa-Jera: reduza suas perdas e afaste-se da mesa de jogo antes de perder tudo. Você pode ter gastado muito dinheiro indo para a faculdade, mas, se não estiver tendo sucesso, nem gostar da sua escolha de curso, é melhor sair do que continuar se punindo. Se estiver esperando por uma promoção, seu chefe o está enrolando. Não eleve os preços no seu negócio, ou verá seus clientes indo embora.

Eihwaz-Pertho: você está no ponto certo para ter sucesso, mas precisará de mais tentativas antes de isso acontecer. A competição entre você e os outros é feroz. Se estiver se candidatando a empregos, bolsas escolares ou competindo pela atenção da pessoa desejada, terá de prestar atenção no prêmio em longo prazo. Espere atrasos para o sucesso, mas ele virá.

Algiz-Sowilo: uma amizade maravilhosa está se formando. Você encontrará alguém e parecerá que conhece essa pessoa de outra vida. Encontrará um emprego ou *hobby* que cairá como uma luva. Essa combinação rúnica expressa uma sensação de familiaridade confortável e de confiança. Quando a leitura é sobre comunicações, indica que uma pessoa está dizendo a verdade.

Tiwaz-Berkanan: é momento de dar uma bronca com amor. Se estiver lidando com amigos ou familiares que estão abusando da sua gentileza, é hora de deixá-los verem algumas consequências de suas ações. É possível que você esteja brigando consigo mesmo e tenha de lidar consigo como uma criança por um tempo. Se estiver gastando muito nos cartões de crédito, coloque-os em um bloco de gelo no congelador ou corte-os. Se estava evitando o trabalho, desligue a internet ou concentre-se até terminar sua lição de casa.

Ehwaz-Mannaz: esta combinação de runas pode representar uma alma gêmea. Lealdade e companheirismo estão representados. Com essa aliança, você pode ir mais longe e mais rápido do que nunca conseguiu antes. No trabalho, isso representa uma fusão poderosa ou uma parceria que levará a empresa ao próximo nível. Se estiver em um relacionamento, essa combinação sugere que tudo o que for necessário para resolver as dificuldades pode mudar seu estado de espírito.

Laguz-Ingwaz: os primeiros momentos do amor estão acontecendo, as faíscas estão voando. O amor emocional pode vir do que pode parecer apenas uma aventura sexual. Uma amizade pode virar algo mais. Se estiver tentando escolher entre dois trabalhos, escolha aquele que o inspira, em vez daquele outro chato que paga mais, pois isso poderia ser o início de algo maior para você.

Othila-Dagaz: esta combinação rúnica representa os ciclos da vida e da morte, e a pausa para respirar que acontece às vezes nesses ciclos. Um aluno universitário pode precisar voltar a morar com seus pais por um tempo, depois de um mau término de relacionamento, ou ser jubilado na faculdade. Uma breve aventura com um(a) ex pode levar a outro término. Um ano sabático de um emprego na área da Educação pode levar um membro estável de uma faculdade a resolver se aposentar para escrever romances, em vez de continuar sua carreira como professor.

A Criação de Runas de Ligação Divinatórias: como Fazer Sigilos com as Runas para Formar Novos Jogos Divinatórios

Uma frustração que alunos iniciantes costumam ter com as runas é que suas leituras muitas vezes parecem vagas demais, por causa dos grandes conceitos personificados por cada runa. Alguns iniciantes combatem as limitações de um pequeno jogo de runas adotando alfabetos rúnicos adicionais e alternando ou combinando jogos de runas. Você também pode desenvolver suas próprias runas de ligação para juntar às runas que tenham significados importantes para você. Não existe uma runa que lhe diga precisamente que seu carro quebrará, então vá em frente e faça uma. Ainda não existe uma runa para quando seu computador do trabalho para de funcionar, mas você pode facilmente acrescentar uma às suas. As runas que você seleciona para combinar a fim de compor os significados de que precisa podem ser diferentes daquelas que compartilhei neste livro, e está tudo bem. Você está tentando evocar significados do seu cérebro, e todo mundo opera um pouco diferente. Podem-se até acrescentar enfeites e símbolos que não venham de nenhum sistema rúnico.

Aqui está uma forma na qual gosto de imaginar novas runas de ligação de que preciso: recorro ao meu diário rúnico e analiso as runas diárias que sorteei e os eventos da vida que aconteceram como resultado. Certa vez, vi-me de repente perturbada por estar constantemente atrasada para compromissos. Eu absolutamente abomino me atrasar para qualquer coisa. Quando tinha um trajeto de 32 quilômetros para trabalhar como professora, saía duas horas antes, e às vezes ficava sentada no estacionamento esperando o zelador abrir as portas da escola, de tanto medo que eu tinha de me atrasar. Até saía mais cedo para chegar a eventos nos quais um atraso não seria notado, como a hora de contação de histórias para as crianças em uma biblioteca. Meu marido está sempre irritado pelo fato de sermos sempre a primeira família a aparecer em todas as festas a que vamos, porque tento chegar no momento em que a festa começa.

Prefiro estar duas horas adiantada a dois minutos atrasada para qualquer coisa, então imagine só minha consternação quando tive uma série de eventos na minha vida que me levaram a atrasos em consultas médicas, na hora de levar as crianças para a escola e em outros passeios aleatórios. Cada evento individual de atraso parecia aleatório — resultado de circunstâncias inevitáveis. Então recorri às runas por uma ajudinha. No princípio, examinei meu diário para ver se, por acaso, eu tirava a mesma runa todos os dias em que me atrasava. Nada. Isso seria fácil demais. No entanto, notei um padrão de algumas runas aparecerem mais do que outras nos dias em que me atrasei ou quase me atrasei. *Laguz* e *dagaz* pareciam se anunciar nas minhas leituras diárias por volta dessa época, o que eu interpretava como uma mensagem para acalmar minhas emoções e começar cedo a cada dia. Minhas interpretações originais permaneceram verdadeiras, e de fato permanecer calma e sair cedo são duas coisas que faço para combater atrasos. No entanto, para me alertar melhor sobre quando eu poderia me deparar com outra situação de atraso, criei uma runa que era uma ligação de *laguz* e *dagaz*, e a acrescentei ao saco de runas do qual eu as sorteava todos os dias. Se sorteasse minha nova runa do "atraso", sairia muito mais cedo e avisaria as pessoas que eu poderia me atrasar naquele dia.

Se eu tivesse criado uma runa de ligação para o atraso, pensando em todas as runas e reunindo duas que fizessem sentido, poderia ter escolhido uma combinação totalmente diferente, como *raido* e *isa*, o que poderia ter funcionado tão bem quanto a outra. No entanto, pensando em retrospecto, ao obter um significado a partir de como as runas se expressavam na minha vida no passado, sinto que passei a conhecer essas runas um pouco mais. Ao reexaminá-las, consegui ver um novo lado de alguns amigos antigos, e expandir de outra forma meu conhecimento e interpretação das runas. Recomendo que os iniciantes registrem e revejam como sua adivinhação rúnica acaba por se desenvolver a partir de sua própria compreensão das runas, que resulta em uma adivinhação que é mais prática e potencialmente mais precisa.

Rodas Rúnicas

Existe um tipo especial de runa de ligação chamado roda rúnica, popularizado por causa de sua beleza e utilidade para meditação, visto que se assemelha a uma mandala, e parece que você está fazendo uma, se desenhar uma roda rúnica particularmente complexa. A runa central em uma roda é o assunto ou o início de sua metáfora. Se sua roda vai proteger ou aprimorar sua mente ou uma pessoa, você poderia ter *mannaz* bem no meio da sua roda. Deve-se sempre entalhar primeiro uma ou mais runas no centro e adicionar mais depois, começando com um círculo ao redor do glifo central e, se necessário, adicionar círculos externos em volta deste. Em volta dos círculos externos da roda rúnica ficam os modificadores, ou aquelas frases poéticas e adjetivos que você poderia adicionar à sua metáfora.

"Conserto" de Inscrições Rúnicas que Você ou Outros Fizeram

Enquanto escrevia este livro, perguntaram-me o que eu teria feito diferente, se voltasse a ser uma iniciante com as runas. Definitivamente, não mantive registros o suficiente do meu aprendizado quando estava apenas começando, embora tenha tentado de alguma forma. Tinha um diário rúnico, um diário para sonhos e um álbum no qual ia anotando os exercícios espirituais que funcionavam para mim. No entanto, apenas adicionei as inscrições rúnicas para os exercícios espirituais que tentei, cuja eficácia foi comprovada. Houve muitos feitiços mágicos, cânticos e meditações que tentei, que não apresentaram resultados positivos, e dos quais desisti na hora. Queimava quaisquer objetos rúnicos feitos durante o exercício espiritual sem sucesso e me permitia esquecer meus fracassos. Eu me deparo com esse mesmo padrão em outras áreas da minha vida. Estou aprendendo a dançar há alguns anos e, agora que tenho habilidades do nível intermediário, queria ter me filmado mais quando iniciante, para poder ver meu desenvolvimento com mais clareza.

O bônus de manter registros de todos os seus exercícios espirituais que envolvem as runas é que, mesmo se eles não funcionarem, você poderia ser capaz de fazer pequenas revisões depois, quando tivesse mais experiência, e os veria funcionar muito bem. Trabalhei por todo este livro para mostrar que você tem muita liberdade e espaço em se tratando de runas, mas isso não significa que não exista um jeito certo ou errado de fazer as coisas. A questão no trabalho mágico real é que, na verdade, há um modo certo para você criar resultados na sua vida. Requer muita experimentação e mudanças para conseguir fazer suas runas funcionarem melhor para você.

Em geral, os mestres rúnicos concordam que as inscrições rúnicas mal desenhadas podem ser "consertadas" para funcionar com mais eficiência. Você precisará necessariamente entalhar as runas de novo, pois é ineficaz rasurar quaisquer palavras escritas de modo incorreto: fazer apenas isso não destrói a energia e arruinará sua inscrição com distrações para seu foco. Você também terá de reparar a energia das suas runas, carregando-as de novo. A maioria dos mestres tenta impedir más inscrições rúnicas desde o princípio, revisando algumas das regras já aprendidas e verificando se espaços podem ser removidos, ou se a inscrição pode ser condensada e ficar mais eficiente em um rascunho em um pedaço de papel. Conforme ganhar mais experiência, você conseguirá ver como algumas runas funcionam melhor para seus propósitos do que aquelas que você escolheu no passado para um exercício espiritual específico. Não se acanhe com o fracasso enquanto aprende. Lembre-se dos seus erros e evolua a partir de seu conhecimento prévio.

Runas Ocultas em Plena Vista para Adivinhação e Empoderamento

As runas estão sempre ao nosso redor; nós apenas precisamos prestar atenção para as vermos. Uma lenda urbana, sobre a qual me questionam muito, sugere que as runas estão ocultas nos códigos de barras de embalagens. Como os códigos de barras são apenas barras, a menos que você esteja falando de *isa*, não se consegue discernir facilmente nenhuma runa em plena vista em um código de barras comum. Porém, as runas aparecem em muitos logotipos e marcas de empresas ou na iconografia cultural. Pode-se observar que o sinal da paz tem *algiz*, a runa da amizade e da proteção do Futhark Antigo, de ponta-cabeça e inserida em um círculo. Alguns acreditam que o sinal da paz, na verdade, retrata uma runa do Futhark Recente que significa morte, pois se parece com *algiz* virada para baixo, mas esse significado não me parece adequado.

Notei também que o símbolo do Bluetooth é uma runa de ligação composta por *hagalaz* (do Futhark Recente) e *berkanan*. Lembre-se de que, no passado, as runas poderiam ser escritas tanto da esquerda para a direita, como da direita para a esquerda, ou até uma linha em uma direção e a seguinte na direção oposta. Os glifos eram muitas vezes escritos de trás para a frente ou até de ponta-cabeça, sem nenhum motivo conhecido. Quando interpretar as runas que você encontra no mundo, recorde-se de que elas podem estar viradas para qualquer direção, ou combinadas com qualquer outra runa.

Podem-se ocultar as runas para usá-las com discrição para o empoderamento espiritual, ou ter um jogo de runas secreto por diversão. As próprias runas são um código secreto para os poderes da vida. Nesta era da informação, quando os significados das runas podem ser buscados em um instante na internet, um iniciante pode ficar intrigado pelo fato de eu me referir a guardar segredos sagrados, então gostaria de falar do valor do segredo.

Primeiro, precisamos ter experiência com as runas para as aprendermos, vivermos e acreditarmos nelas. Não acho que um iniciante vá dar uma olhada neste livro, fechar a capa e acreditar que as runas têm todo o poder que afirmo terem. Um aluno que pratica uma aprendizagem experimental real será aquele que de fato entende o trabalho com as runas. Eu poderia escrever runas do tamanho do sinal de Hollywood e o público geral não conheceria todos os seus mistérios. Por mais que me doa dizer isso como autora e leitora, os livros não são o suficiente para resolver mistérios sagrados. As runas são como música, pois podem causar emoção e expressar conceitos que meras palavras não conseguem alcançar.

Segundo, não tem problema manter na privacidade as coisas sagradas. Você não deve a tradução das suas runas ocultas a ninguém além de você mesmo; é entre você e o divino. Privacidade pode ser uma coisa rara para mim. Sou uma figura pública, e tenho crianças pequenas em casa, então, privacidade é muitas vezes como uma piada. Com as runas, consigo manter alguma informação privada com todo respeito. Minha família sabe que, quando estou na minha sala, que é meu templo sagrado, trabalhando em algo, não devo ser perturbada nem responder a perguntas sobre minhas atividades específicas. Muito da minha prática religiosa pessoal é privada por simplesmente ser pessoal demais para compartilhar, é apenas assunto meu. Você não precisa manter suas runas em segredo, mas, se fizer isso, saiba que você pode ou merece agir dessa maneira, e não deixe ninguém o incomodar para revelar seu assunto pessoal.

O sigilo também mantém as coisas especiais. Se todos usassem as runas como uma escrita cotidiana, elas não seriam mais incomuns. As pessoas não teriam de se dedicar a um estudo sério para aprender como usar as runas e, por isso, elas pareceriam chatas e mundanas demais. Se você utiliza as runas para fazer sua lista de compras no mercado, poderia ser difícil mudar de atitude e tentar usá-las para evocar os poderes sagrados do divino. Quando se é iniciante, é ótimo praticar muito com as runas. Mas, conforme você ganha confiança com seu conhecimento, reserve seu uso para ocasiões especiais, se achar que elas começaram a perder a novidade. Pessoalmente, embora eu as utilize com frequência, a emoção das runas nunca acaba. E meu amor pelas runas ainda é forte, apesar de ter de trabalhar tão intensamente com elas como uma autora de um livro sobre esse assunto.

Outro motivo para manter segredos é para evitar estragar surpresas. Quando ensino runas aos alunos, não traduzo automaticamente cada runa de ligação que mostro a eles, mas faço perguntas curiosas a respeito do que cada um acha que a runa de ligação signifique para si. Todos sabemos que a experiência de uma festa surpresa ou um presente sem ocasião pode levantar o ânimo mais do que um evento esperado. Mistério e surpresa podem intensificar qualquer experiência. Quando entreguei um "amuleto da sorte" para o meu pai, antes de sua cirurgia, não expliquei para ele as minúcias de como fiz o amuleto, ou o que cada runa individual significava. Saber que havia fórmulas secretas envolvidas no que eu fazia foi o bastante para aumentar a crença do meu pai de que meu amuleto da sorte poderia funcionar. Não tente se culpar por achar que está enganando, se não tiver um relato público completo de cada runa que você usa em torno de amigos e entes queridos, mesmo se estiver usando as runas neles. Basta conseguir permissão para "rezar" ou fazer um amuleto mágico para alguém e, então, deixar os detalhes enigmáticos surpreenderem e encantarem. Da mesma forma que seus filhos não precisam saber como funcionam os sistemas elétricos para acender a luz, você não precisa explicar como as runas funcionam nas capas dos livros escolares deles para ajudá-los a prestar atenção enquanto leem, a menos que queira fazer isso.

No fim das contas, existe algo sagrado no ato de manter segredos. Aprendi com vários dos meus professores espirituais que os quatro poderes do mago são: saber, ousar, querer e manter o silêncio. É fácil ver como a ousadia, a força de vontade e o conhecimento são todas coisas poderosas, mas o silêncio também é. Gurus, monges e sacerdotes de algumas religiões fazem votos de silêncio por longos períodos. O silêncio permite a habilidade de ouvir. E manter as coisas sagradas privadas, em vez de tagarelar sobre elas em público ou nas mídias sociais, pode ser um descanso bem-vindo do excesso de compartilhamento. Por ser uma geminiana falante, sei que o silêncio pode ser como um músculo que precisa ser desenvolvido com o tempo e flexionado na ocasião. Costumava tagarelar sobre cada assunto que entrasse de mansinho na minha mente, confundindo prolixidade com honestidade. Conforme desenvolvia minha própria espiritualidade, descobri que me manter quieta sobre o que eu fazia me ajudaria a focar o meu trabalho e me dedicar à tarefa do momento presente. Quando me retiro ao meu templo para trabalhar com as runas, não estou pensando ao mesmo tempo em formas de descrever minhas conquistas depois aos meus seguidores na mídia social ou à minha família; estou apenas fazendo meu trabalho.

Por todos esses motivos e mais, você pode querer codificar suas runas ou deixá-las ainda mais sigilosas do que já são, mas não precisa fazer isso, se não quiser. É claro que você também pode desenvolver seus próprios métodos para manter suas runas em segredo. Se criar um código secreto, lembre-se de anotar um código para sua criptografia. Você pode escondê-lo em qualquer lugar, como um baú trancado, ou um arquivo com uma senha no seu computador, mas não esqueça o passo vital de anotar como você criou esse código. Anotei alguns códigos rúnicos anos atrás e, em alguns casos, agora não consigo entender bulhufas das minhas runas criptografadas, embora tenha certeza de que na ocasião eu lembrava do meu novo sistema "engenhoso".

A seguir estão duas formas simples de criptografar suas runas em nome do sigilo.

Números

Como cada runa tem um número, você pode anotá-lo simplesmente no lugar da runa, quando quiser ser discreto a respeito dela. Em vez de escrever o glifo para *fehu* no seu *laptop* para sucesso, escreva o número um e carregue-o com *fehu*, por exemplo. Usar números tem limitações, se estiver trabalhando com mais de uma runa, no entanto, juntar números ou escrevê-los colados demais pode obscurecer tanto seus significados que até você se confundirá.

Árvores Rúnicas

Tente usar as árvores rúnicas, que é um sistema de encriptação rúnica comum que envolve números. Lembre-se de que as runas do Futhark Antigo são escritas em três *aettir* de oito. Árvores rúnicas se parecem um pouco com árvores: os ramos representam o número da runa. Os ramos que nascem para a esquerda sibolizam a *aett* rúnica, e aqueles para a direita representam o número da runa dentro dela. *Fehu* teria um ramo para a esquerda e um para a direita por estar na primeira *aett* e ser a primeira runa dentro dela.

Exemplo de Árvore Rúnica para Fehu

As árvores rúnicas são uma forma mais artística de disfarçar as runas que você deseja colocar em talismãs ou outros objetos públicos. Também é possível usar as árvores rúnicas como uma escrita. Codificar árvores rúnicas é um projeto que levará algum tempo, se você esquecer o que escreveu depois. Por serem tão artísticas e repetitivas, as árvores rúnicas formam lindas bordas decorativas para as coisas, e rodas rúnicas, feitas com essas árvores, podem ser positivamente hipnóticas ao olhar. Experimente com árvores rúnicas para ver que arte linda você consegue criar.

No exemplo a seguir, disfarcei a roda rúnica Para Quebrar uma Maldição, ensinada no capítulo 5, usando árvores rúnicas. Se você souber que seu inimigo é um mago habilidoso, ele, ou ela, pode tentar usar suas runas contra você. Uma pessoa pode enfeitiçá-lo mais facilmente, se souber seu nome verdadeiro ou intenções, que estão escritos nas suas runas. Ao ocultar *ken*, *thurisaz* e *uruz* com as árvores rúnicas, você protege sua forte magia, para que seu feitiço não possa ser quebrado. Ainda é possível para uma pessoa com pouca experiência em runas decifrar sua árvore, se você a deixar largada por aí para ela estudar por um tempo. Contudo, uma árvore rúnica protegerá de uma observação casual, além de iludir o olhar de alguém muito familiarizado com as runas, a ponto de esse indivíduo não a reconhecer como uma runa logo de cara. Uma árvore rúnica balançando em um pingente, ou aninhada entre outras árvores em uma pintura, pode ser facilmente ignorada. Seu inimigo provavelmente teria de estar procurando por uma árvore rúnica, então, não fique se gabando de suas habilidades maravilhosas nessa área.

A seguir, há um elmo do temor indestrutível contra maldições com árvores rúnicas.

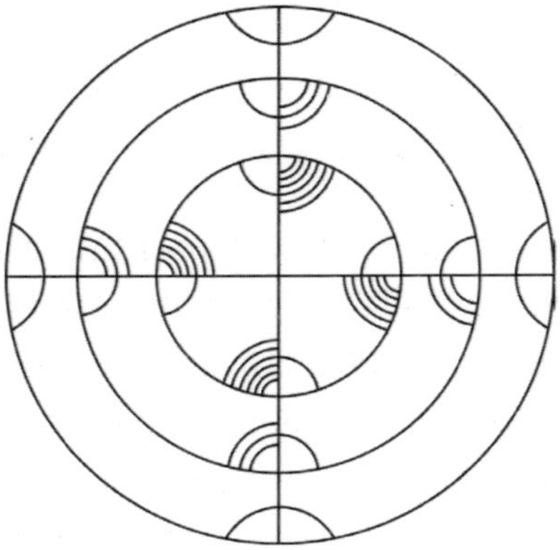

Elmo do Temor Indestrutível para Quebrar Feitiços

Criação de um Sistema Rúnico Personalizado

Imagine ter suas próprias pedras secretas para prever o futuro, que representem um mapa para sua própria consciência interior. Você pode se tornar um especialista no seu sistema particular para prever o futuro e revelar os segredos do passado. Suas ferramentas mágicas especializadas e conhecimento podem ser transmitidos aos seus filhos, compartilhados em uma linguagem secreta entre você e a pessoa amada, ou ser guardado como um tesouro sagrado para apenas você saber. Aprender adivinhação criando seu sistema de runas particular é meio como decodificar seu próprio código genético, ou ser capaz de explorar as regiões mais profundas do seu subconsciente. Eu incluí exercícios criativos neste livro, não por serem fáceis, mas por darem aos iniciantes a melhor base nos conceitos para ajudá-los a perceber que as runas são apenas ferramentas para liberar o poder e o conhecimento armazenados dentro de cada um.

Na minha vida, criei muitos jogos com meus próprios sistemas rúnicos. As runas que inventei quando criança não se parecem com aquelas que criei já adulta, é claro, e tudo bem. Mudança e evolução são naturais, conforme você cresce espiritualmente durante sua vida. É fácil ficar sobrecarregado como um iniciante e achar que você precisa incluir tudo no seu sistema rúnico divinatório, mas maior não é necessariamente melhor. Considere os quatro elementos alquímicos: terra, ar, água e fogo; os quatro elementos juntos simbolizam a totalidade de matéria no universo e existem apenas quatro deles. Um alfabeto maior não necessariamente me permite escrever um livro com mais pensamentos ou falar uma linguagem com mais clareza.

Um bom ponto para começar é pensar em quantas runas você gostaria de ter no seu sistema. As Runas da Bruxa têm 13 runas, mas você pode ter ainda menos para simplificar as coisas. Suspeito de que esse número de runas tenha sido selecionado no sistema divinatório moderno como uma alusão à natureza mágica do número 13. Aqui estão algumas outras associações numéricas que eu, e alguns numerólogos, fazemos:

Dois: um jogo de duas runas, tal como criar uma que signifique "sim" e outra que signifique "não", representa a dualidade ou polaridade do divino entre luz e escuridão, bem e mal, feminino e masculino, *yin* e *yang*, ou outros pares.

Três: adicione a independência do número um ao carinhoso par do número dois e você recebe três. Sempre pensei no número três como o filho divino da Deusa e do Deus da minha religião, representados pelo número dois. Quando um e dois se combinam para fazer três, os três são agora a Deusa, o Deus e o filho divino. É um número, portanto, de crescimento e conclusão. O triângulo é um formato bem estável, também, de forma que um simples jogo com três runas pode ser completo.

Quatro: se você fez runas para os quatro elementos, elas formariam quatro quadrantes estáveis e completos. Qualquer jogo com quatro runas é estável. Eu sempre penso no número quatro como as quatro pernas de uma mesa que a mantêm operando como uma fundação sólida e fidedigna para o trabalho. Se você precisa de runas para ler sobre tópicos a respeito de criar um alicerce na sua vida, pense em fazer um jogo de quatro runas.

Cinco: um jogo de cinco runas seria bom para separar o caos de relacionamentos interpessoais, como amizades ou alianças, além de brigas com colegas de trabalho. O número cinco é instável, por isso está associado com a constante destruição e criação necessárias para o crescimento.

Seis: o número seis é outro número par estável, muitas vezes associado com jornadas, tanto literais como figurativas. Se quiser fazer um jogo de runas para sua carreira acadêmica, por exemplo, recomendo que ele seja composto por seis runas. Se quiser fazer um jogo de runas especial para viagens, usado para leituras nesses momentos, nos altos e baixos da viagem em si, sugiro fazer seis runas. O segurança do aeroporto já examinou minuciosamente minhas runas antes, mas sempre as deixou passar sem discutir.

Sete: sete sempre foi meu número favorito, pois é o número da magia e do mistério. Faça jogos dedicados à exploração espiritual com runas que resultem no número sete. Por ser um número ímpar, existe um pouco daquela instabilidade imprevisível na energia do sete, mas assim é a vida. Pense no número ímpar acima do crescimento sereno do número seis como o curinga que o universo lança na sua vida para criar mudança.

Oito: conforme subimos, os números representam graus mais elevados de realização e sucesso. O número oito representa levar as conquistas que já existem na sua vida ao próximo nível. Se quiser fazer um jogo de runas apenas para seu caminho profissional, pense em criar esse jogo com oito sigilos.

Nove: na numerologia chinesa, o número nove é muito auspicioso, e esse significado é transferido para a numerologia ocidental, por ser um número elevado que representa conclusão. Faça nove runas que simbolizam, cada uma, as alegrias na sua vida. Você pode tirar seu jogo especial de runas quando se sentir deprimido, e elas podem ajudá-lo a passar pela melancolia.

Os números anteriores podem ser somados para fazer jogos de runas maiores com um número que tenha um significado importante, mas não se esqueça de que a simplicidade pode ser melhor. Aqui está um truque para ter ideias que utilizo quando estou criando um jogo: faço um gráfico circular com o número de setores igual ao número de runas que usarei. Tente fazer isso. Pegue um grande pedaço de papel e desenhe um enorme círculo. Divida o círculo com linhas no número escolhido de runas. O gráfico que você está criando é um lembrete visual de que todas as suas runas juntas representam a totalidade do universo ou do campo que você quer que elas descrevam. Então, se estiver fazendo um jogo de runas para a profissão, elas juntas representam todas as carreiras possíveis.

Daqui em diante, apenas sua imaginação limita sua criação. Você pode dividir seu diagrama no meio e fazer metade de runas negativas e metade de positivas, ou pode manter tudo positivo, se quiser. Você pode começar fazendo runas de ligações baseadas nas notas do seu diário ou começar a desenhar símbolos que saem da sua própria mente, livres dos desenhos de outra pessoa. Quando tiver terminado, terá aprendido muito sobre si, e estará pronto a aprender ainda mais as usando para adivinhação. Lembre-se de anotar os significados das suas runas no diário. Você é o maior especialista do mundo no seu jogo de runas pessoal, então, não deixe o conhecimento que ganhar ser perdido por toda a eternidade.

Conclusão

Alguns runólogos chamam as runas de arte e ciência porque o mundo está, neste momento, na vanguarda da pesquisa sobre as runas. Todos nós podemos adicionar algo ao *corpus* do conhecimento sobre as runas, conforme ele evolui. Não importa se for sua primeira ou quinta ferramenta divinatória, espero que você consiga se conectar com a terra e usar as runas.

Mergulhe nos estudos rúnicos com entusiasmo como iniciante. Faça um jogo de runas e, então, faça outro que seja ainda melhor do que o primeiro. Leia cada livro a esse respeito em que puder pôr as mãos, mesmo aqueles com ideias das quais discorda. Tente encontrar mestres e runólogos na sua região. Na área de Seattle, somos abençoados com um Museu da Herança Nórdica, que pode ser visitado para aprender mais sobre a cultura e a história do povo antigo que usava as runas. Se tiver sorte, pode até encontrar cursos sobre runas ministrados em livrarias esotéricas ou em outros lugares perto de você. Encontre videntes locais e pergunte se você pode comprar uma leitura. Eu aprendo muito mais sobre ser uma vidente melhor observando como os outros realizam as leituras.

Acima de tudo, por favor, continue a praticar com suas runas para seus significados ficarem frescos na sua mente e para seu uso como ferramenta divinatória continuar relevante na sua vida. Talvez você seja o próximo a desenvolver um jogo ou sistema de runas inovador. Você já é o maior especialista do mundo na sua própria mente, e tem dons especiais para compartilhar com o mundo. Por meio da linguagem das runas, todos podemos ler as histórias sobre as paisagens internas das nossas mentes e descobrir o que o divino ainda tem a escrever nos capítulos das nossas vidas. Rogo para que o fim deste livro marque apenas o início da sua história com as runas.

Glossário

Aett: as runas em Futhark Antigo são organizadas em três famílias de oito chamadas *aettir*. A primeira *aett* é regida por deuses da fertilidade; a segunda, que começa com *hagalaz*, por divindades de proteção; e a terceira, que começa com *tiwaz*, por divindades da justiça divina e da ordem.

Árvore mundial: uma estrutura simbólica para o universo a partir da mitologia nórdica, bem como outras mitologias e religiões.

Aspecto: trata-se da relação de uma runa com outra em uma tiragem ou jogo. Em geral, as runas que estão em lados opostos em um diagrama afetam uma à outra negativamente. Aquelas que formam entre si um ângulo de 90 graus, em um diagrama circular, indicam que elas podem bloquear ou se opor uma à outra. As runas em um ângulo de 45 graus ou menos se afetam positivamente ou se apoiam.

Cajado rúnico: é uma varinha ou bengala esculpida com runas para propósitos espirituais.

Escrita: um sistema de letras usado para escrever palavras.

Glifo: uma runa escrita; letra rúnica.

Jogo de runas: runas lançadas em uma superfície ou mapa ou posicionadas individualmente em padrões específicos que dão contexto aos seus significados.

Kenning: veja metáfora.

Magia: é a arte de criar mudança dentro de si ou no seu mundo para ser compatível à sua verdadeira vontade. A magia real pode ser realizada com as runas.

Mestre das runas: alguém que trabalha com runas. Veja Mestra das runas

Mestra das runas: forma feminina moderna do mestre das runas.

Metáfora: um nome poético, descritivo, para algo, usado geralmente para elogiar virtudes ou descrever seu verdadeiro propósito.

Runa: mestre de runa. Um homem ou mulher sábio ou experiente.

Runa de ligação: duas ou mais runas combinadas para formar um significado composto.

Runólogo: indivíduo dedicado ao estudo e à interpretação dos glifos rúnicos como uma escrita antiga.

Runwita: mestre das runas. Um homem ou mulher sábios ou experientes.

Sigilo: um símbolo com um significado poderoso que costuma ser usado como talismã.

Recomendações de Leitura

FITCH, Ed. *The Rites of Odin.* St. Paul, MN: Llewellyn Publications, 1990.

HULSE, David Allen. *The Western Mysteries:* an Encyclopedic Guide to Guide to the Sacred Languages & Magickal Systems of the World; The Key of It All, Book II. St. Paul, MN: Llewellyn Publications, 2000.

OLSEN, Kaedrich. *Runes for Transformation:* Using Ancient Symbols to Change Your Life. San Francisco: Weiser Books, 2008.

PENNICK, Nigel. *The Complete Illustrated Guide to Runes:* How to Interpret the Ancient Wisdom of the Runes. Boston: Element Books Inc., 1999.

SHEPPARD, Susan. *A Witch's Runes:* How to Make and Use Your Own Magick Stones. Secaucus, NJ: Citadel Press, 1998.

Bibliografia

ASWYNN, Freya. *Northern Mysteries & Magick:* Runes & Feminine Powers. St. Paul, MN: Llewellyn Publications, 1998.

BLAKE, Deborah. *Witchcraft on a Shoestring:* Practicing the Craft without Breaking Your Budget. Woodbury, MN: Llewellyn Publications, 2010.

CONWAY, D.J. *Norse Magic.* Woodbury, MN: Llewellyn Publications, 1990.

CUNNINGHAM, Scott. *Divination for Beginners:* Reading the Past, Present & Future. St. Paul, MN: Llewellyn Publications, 2003.

GRIMASSI, Raven. *Hereditary Witchcraft: Secrets of the Old Religion*. Woodbury, MN: Llewellyn Publications, 1999.

HARL, Kenneth W. *The Vikings*. Chantilly, VA: The Teaching Company, 2005.

LUNA, Bianca. *Runes Guidebook.* Torino, Italy: Lo Scarabeo, 2011.

MELVILLE, Francis. *The Book of Runes:* Read the Secrets in the Language of the Stones. London: Quarto Publishing, 2003.

PAGE, R. I. *Runes:* Reading the Past. Berkeley, CA: University of California Press, 1987.

PESCHEL, Lisa. *A Practical Guide to the Runes:* Their Uses in Divination and Magick. St. Paul, MN: Llewellyn Publications, 1989.

SAINT-GERMAIN, Jon. *Runic Palmistry*. St. Paul, MN: Llewellyn Publications, 2001.

THORSSON, Edred. *Northern Magic:* Rune Mysteries and Shamanism. St. Paul, MN: Llewellyn Publications, 1992.

TYSON, Donald. *Runic Astrology:* Chart Interpretation Through the Runes. Woodbury, MN: Llewellyn Publications, 2009.